中华精神家园

西部沃土

八桂山水

八桂文化特色与形态

肖东发 主编 张学亮 编著

中国出版集团

现代出版社

图书在版编目（CIP）数据

八桂山水：八桂文化特色与形态 / 张学亮编著. —
北京：现代出版社，2014.5（2019.1重印）
　ISBN 978-7-5143-2376-4

　Ⅰ．①八… Ⅱ．①张… Ⅲ．①地方文化－研究－广西
Ⅳ．①G127.67

　中国版本图书馆CIP数据核字(2014)第085155号

八桂山水：八桂文化特色与形态

主　　编： 肖东发
作　　者： 张学亮
责任编辑： 王敬一
出版发行： 现代出版社
通信地址： 北京市定安门外安华里504号
邮政编码： 100011
电　　话： 010-64267325 64245264（传真）
网　　址： www.1980xd.com
电子邮箱： xiandai@cnpitc.com.cn
印　　刷： 汇昌印刷（天津）有限公司
开　　本： 710mm×1000mm　1/16
印　　张： 10
版　　次： 2015年4月第1版　　2021年3月第4次印刷
书　　号： ISBN 978-7-5143-2376-4
定　　价： 29.80元

　　党的十八大报告指出："文化是民族的血脉，是人民的精神家园。全面建成小康社会，实现中华民族伟大复兴，必须推动社会主义文化大发展大繁荣，兴起社会主义文化建设新高潮，提高国家文化软实力，发挥文化引领风尚、教育人民、服务社会、推动发展的作用。"

　　我国经过改革开放的历程，推进了民族振兴、国家富强、人民幸福的中国梦，推进了伟大复兴的历史进程。文化是立国之根，实现中国梦也是我国文化实现伟大复兴的过程，并最终体现为文化的发展繁荣。习近平指出，博大精深的中国优秀传统文化是我们在世界文化激荡中站稳脚跟的根基。中华文化源远流长，积淀着中华民族最深层的精神追求，代表着中华民族独特的精神标识，为中华民族生生不息、发展壮大提供了丰厚滋养。我们要认识中华文化的独特创造、价值理念、鲜明特色，增强文化自信和价值自信。

　　如今，我们正处在改革开放攻坚和经济发展的转型时期，面对世界各国形形色色的文化现象，面对各种眼花缭乱的现代传媒，我们要坚持文化自信，古为今用、洋为中用、推陈出新，有鉴别地加以对待，有扬弃地予以继承，传承和升华中华优秀传统文化，发展中国特色社会主义文化，增强国家文化软实力。

　　浩浩历史长河，熊熊文明薪火，中华文化源远流长，滚滚黄河、滔滔长江，是最直接的源头，这两大文化浪涛经过千百年冲刷洗礼和不断交流、融合以及沉淀，最终形成了求同存异、兼收并蓄的辉煌灿烂的中华文明，也是世界上唯一绵延不绝而从没中断的古老文化，并始终充满了生机与活力。

　　中华文化曾是东方文化摇篮，也是推动世界文明不断前行的动力之一。早在500年前，中华文化的四大发明催生了欧洲文艺复兴运动和地理大发现。中国四大发明先后传到西方，对于促进西方工业社会的形成和发展，曾起到了重要作用。

中华文化的力量，已经深深熔铸到我们的生命力、创造力和凝聚力中，是我们民族的基因。中华民族的精神，也已深深植根于绵延数千年的优秀文化传统之中，是我们的精神家园。

总之，中华文化博大精深，是中国各族人民五千年来创造、传承下来的物质文明和精神文明的总和，其内容包罗万象，浩若星汉，具有很强的文化纵深，蕴含丰富宝藏。我们要实现中华文化伟大复兴，首先要站在传统文化前沿，薪火相传，一脉相承，弘扬和发展五千年来优秀的、光明的、先进的、科学的、文明的和自豪的文化现象，融合古今中外一切文化精华，构建具有中国特色的现代民族文化，向世界和未来展示中华民族的文化力量、文化价值、文化形态与文化风采。

为此，在有关专家指导下，我们收集整理了大量古今资料和最新研究成果，特别编撰了本套大型书系。主要包括独具特色的语言文字、浩如烟海的文化典籍、名扬世界的科技工艺、异彩纷呈的文学艺术、充满智慧的中国哲学、完备而深刻的伦理道德、古风古韵的建筑遗存、深具内涵的自然名胜、悠久传承的历史文明，还有各具特色又相互交融的地域文化和民族文化等，充分显示了中华民族的厚重文化底蕴和强大民族凝聚力，具有极强的系统性、广博性和规模性。

本套书系的特点是全景展现，纵横捭阖，内容采取讲故事的方式进行叙述，语言通俗，明白晓畅，图文并茂，形象直观，古风古韵，格调高雅，具有很强的可读性、欣赏性、知识性和延伸性，能够让广大读者全面接触和感受中国文化的丰富内涵，增强中华儿女民族自尊心和文化自豪感，并能很好继承和弘扬中国文化，创造未来中国特色的先进民族文化。

2014年4月18日

文明开化——古老历史

文风传承——八桂风骨

守护之魂——岭南撷英

文化底蕴——艺苑民风

古老历史

广西称"八桂"由来已久。经考证，"八桂"之美称是从古代《山海经》中"桂林八树，在贲禺西"演变而来。贲禺即番禺，县名，在广东省。自古以来，广西气候温暖，雨量充沛，洞穴众多，为人类生存活动提供了优良环境。

广西一带古人类活动较早，已成为我国继北京周口店之后又一古人类遗址重要发现地区。其中主要有麒麟山人、甘前人、白莲洞人以及宝积岩古人类遗址、百色旧石器古人类遗址、甑皮岩古人类遗址等。

华夏壮族的远祖白莲洞人

"白莲洞人"是古人类的化石，发现于广西壮族自治区柳州白莲洞，在白莲洞人类化石遗址处有石器500多件、人牙化石两枚、动物骨骼化石3500多件、人类用火遗迹两处。后经证实，白莲洞人系我国壮族古人类始祖之一。大约距今5万年。

白莲洞位于柳州市东南12千米处的白面山南麓，距古人类柳江人遗址东北约2千米，因洞外有一块状似莲花蓓蕾的巨大钟乳石，因而得名。

传说古代这一带连年干旱，观音菩萨返回南海途经此地，看到这里旱情非常严重，百姓要到远处挑水抗旱。观音关心百姓疾苦，忙查原因，原来是一火龙作怪。

观音菩萨把它收服，用手上的杨枝净水点化火龙，使它化作赤色金鲤，吐水为

猿人塑像

洞，并在溪洞下的潭中撒播白莲造
福百姓，因而这里变得山清水秀，
奇石嶙峋，洞串洞，宛如仙境。

　　白莲洞自然环境奇特，迂回曲
折的洞中狭道长约1.9千米，溶洞
面积约7000多平方米，洞穴底层，
全长370多米的地下河道流水清
幽，终年不息。洞前有湖泊遗迹。

　　白莲洞是一个岩厦式洞穴，分
洞内和洞外两部分。白莲洞室内又
分外厅和后部长穴道两部分。外厅
宽敞，明亮，穴道屈曲，后部开阔。人牙化石和哺乳
动物化石及石器等都发现在外厅，堆积中含有十分丰
富的文化遗物。展现出中石器时代向新石器时代过渡
的面貌。

　　白莲洞中发现了两枚人牙化石，其中一枚为左侧
第三下臼齿化石。与白莲洞人化石一起的还有众多的
动物骨化石、牙齿化石和石器、石制装饰、原始夹砂
陶片等丰富的文化遗存，包含着从旧石器时代到新石
器时代早期三期文化连续序列。

　　这些化石和遗物，说明了大约距今5万年以前
"白莲洞人"已经会缝制衣服，用火和吃熟食，构成
"白莲洞文化"。

　　结合白莲洞的生态环境变化趋势，白莲洞遗址可
划为三个不同的文化时期：

　　第一期文化在西部遗址4层、5层、7层，距今3

■ 旧石器时代尖状
石器

中石器时代 旧
石器时代和新石
器时代之间的人
类物质文化发展
过渡阶段。直接
取之于自然的攫
取性经济高涨、
并孕育向生产性
经济转化的时
期。地质时代属
于全新世。在世
界范围内约开始
于距今1.2万年，
结束的年代在各
地区很不一致。

打磨石器

万至2万年前后。存在各类砾石制品，具有明显的旧石器时代风貌，同时出现工具小型化的趋势，可证明接近这一时代晚期。

这一时期，白莲洞人的经济生活主要以采集和渔猎为主，猎取对象多为大型哺乳类动物，如剑齿象等。

第二期文化位于东部遗址4层、6层，西部遗址1层，距今约1.2万年。是华南地区旧石器时代文化向新石器时代文化过渡的代表。

这一时期出现了大量粗犷的砾石工具和燧石石器以及少量磨刃石器，此外，还有大小适中的原始穿孔石器和碾磨赤铁矿粉的碾磨石。可见，这时白莲洞人的经济生活有了变化，猎狩对象由大型动物转向小型动物群，水产经济上升到新高度。

第三期文化处于东部遗址1层、3层，是距今1.2万年至7000年间的我国史前文化层。磨制工具由前期局部磨刃到通体磨光，原始穿孔石器由琢凿发展到钻孔磨光，并出现了原始陶片和穿孔装饰品。从出土的禾本花粉组合推断，白莲洞人存在原始农耕的可能。

阅读链接

1956年，在广西柳州发现了白莲洞古人类遗址，发掘出石器500多件、人牙化石2枚、动物骨骼化石3500多件、人类用火遗迹2处。

1973年至1982年，又对白莲洞进行了全面清理发掘。

1980年，广西区政府建立"白莲洞人"博物馆，位于柳州市南郊12千米的白面山南麓莲花山上。白莲洞遗址已经成为中外人类学家关注的科研场所、科普课堂和旅游胜地。

壮族公认的祖先麒麟山人

　　广西壮族自治区的"麒麟山人"是古人类的化石，因在来宾县麒麟山盖头洞穴内发现，故得名麒麟山人。古人类的遗骸仅保存有颅底部分，包括大部分上颌骨和腭骨，右侧的颧骨和大部分枕骨，三者已不连续，是属于一个男性老人的个体。

　　后被确定为属距今3.6万年前旧石器时代晚期的古人类，为壮族同胞公认的先祖。

■ 麒麟山人遗址

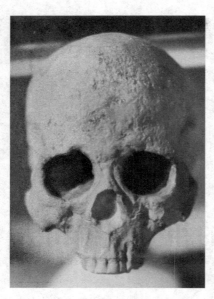

■ 头骨化石

麒麟 亦作骐麟，简称麟，我国古籍中记载的一种动物，与凤、龟、龙共称"四灵"，是神的坐骑，古人把麒麟当作仁兽、瑞兽。雄性称麒，雌性称麟。民间有麒麟送子之说，麒麟是龙头、马身、鱼鳞。它不及龙、凤那么广泛，不过名气也不算小。常用来比喻杰出的人。

麒麟山位于广西壮族自治区来宾市兴宾区桥巩乡合隆村南500米处，北面有狮子山和猴子山，西面有扁山和龙口山，西南有老蚌山，东3千米有江山，在江山之东有红水河。

盖头洞高出地面7米，洞口朝南偏东，洞口高2.7米，洞的纵深4.8米。洞内有大量的钟乳石和石笋。

关于麒麟山，当地流传着一个非常悠久的传说，或许传说中的水火麒麟夫妇，后来就化作了最早的麒麟山人吧！

相传天帝造万物时，造了一种很美、类似龙，而又有超能力的生物，那就是麒麟。

在一个叫和平谷的地方，住着水麒麟和火麒麟夫妇两个。后来在和平谷的盖头洞里，动物们要选一个大王，水火麒麟轻而易举地便成功当选了。

因为水火麒麟的善良、宽厚的性格和超凡的力量，受到谷里动物的爱戴。

然而，正当大家平静而快乐地生活着的时候，从和平谷旁边的恶鬼谷里来了一个不速之客。

恶鬼谷跟和平谷大有差异。和平谷生灵多，恶鬼谷生灵少；和平谷是善良的象征，而恶鬼谷却是阴险小人的天地。而这位不速之客，恰恰是恶鬼谷里最最可怕的九头蛇。

九头蛇见麒麟夫妇俩把和平谷治理得有条有理，

心生妒火，发誓要大战麒麟夫妇。

起初麒麟夫妇并不愿应战，认为不该伤和气。但九头蛇才不管，竟扬言要杀死和平谷里的生灵来威胁它们。

无奈，麒麟夫妇便接受了生死战。它们挑了一块谷外的空白沙地，并叮嘱谷中的动物们乖乖地待着不要靠近等它们得胜回来。

毕竟九头蛇战胜不了麒麟夫妇，短时间便成了它们的手下败将。麒麟夫妇不想杀生，便决定放了它。

正当它们略疏忽时，九头蛇竟使用了毒招。用暗器射进了水麒麟的胸前。看着妻子倒下了，火麒麟失去爱妻的痛燃起了它胸中的怒火，它发疯似的将九头蛇杀死。

妻子死了，火麒麟也消沉了，它也自杀了，随它

■ 猿人取火场景

壮族 我国56个民族中人口最多的少数民族，主要分布在广西、云南、广东和贵州等省区。秦以来，壮族先人历代分别被称为西瓯、骆越、南越、濮、僚、俚、溪峒蛮、乌浒，在宋代史籍中始称"撞""僮""仲"，明清时也有称为僮人、良人、土人的。

的妻子离开了人间……

和平谷的动物们长久不见大王夫妇回来，来到了沙地。

那里已不是一片沙地，那里有了汪汪清水，叠叠群山。大家知道，那汪汪清水是水麒麟的化身，而那叠叠群山则是火麒麟变成的。

为了纪念麒麟夫妇，大家便管这群山和清水叫作麒麟山和麒麟潭。

据说，水火麒麟夫妇的灵魂升天后，都被天帝转化成了人类，又回到故乡繁衍生息，也就成了最早的麒麟山人。

麒麟山盖头洞内，远古时代的堆积厚1.7米，可分两层：上层是黄灰色堆积，含角砾岩和大量鹿牙、猪牙，还有大量腹足类软体动物的硬壳，人头骨化石就在此层，其中还有灰烬、炭屑、烧骨，并出土一件粗糙的石器和两件人工打制的石片；下层为稍胶结的红色堆积，含结核和碎石块。

■ 古人骸骨

麒麟山人化石存在的地质年代属更新世晚期的化石，伴生动物化石多是现生种。

麒麟山人无明显的原始性质，这表明在旧石器时代晚期，兴宾区已有远古人类居住、活动，并繁衍生息，这就是壮族的先祖。

到了新石器时代，远古人类在兴宾区的居住与活动范围就更为广阔，几乎遍及整个区境。

■ 猿人打制工具场景

每年壮族传统节日"三月三"来临时，来宾都举行壮族始祖麒麟山人祭祀活动。公祭壮族始祖麒麟山人，是为了不断增强麒麟山人的凝聚力和影响力，弘扬民族文化。

届时，来自来宾市的壮族群众齐聚麒麟山前，共同祭拜壮族始祖麒麟山人。全体公祭人员满怀对壮族始祖麒麟山人的虔诚和敬仰进行祭祀，人们在祭扫先祖的同时，也领略到传统祭祀的文化内涵。

阅读链接

1956年，中国科学院古脊椎动物研究所野外调查队在麒麟山的盖头洞内发现了一具残破的人类头骨，一件粗制的石器和两件人工打制的石片，后来研究人员将那件人类头骨命名为"麒麟山人"。

1959年的《古脊椎动物与古人类》刊物上，发表了我国著名古人类学家贾兰坡、吴汝康的论文《广西来宾麒麟山人类头骨化石》，研究得出，麒麟山人化石为一个男性老年个体，属于新人类型，遗址为距今2万年前的旧石器时代晚期。

目前，那件"麒麟山人"头骨化石存放在中国科学院古脊椎动物博物馆。

广西壮族的先民甘前人

　　在广西柳江县土博乡四案村甘前洞发现的"甘前人"，属于晚更新世人类。"甘前人"以及同在广西发现的另外几处古人类遗址，将广西人类活动远溯到旧石器时代晚期。

　　甘前洞发现的这些古人类所在的区域，恰好是壮族先民百越众族的活动地域，也是壮族同胞的聚居地区。基于此，可以有力地证明：壮族是这些古人类的后裔之一，壮族是广西的土著民族。

　　甘前山位于广西柳江县土博乡四案村东南约700米，是石灰岩山，

■旧石器时代石器尖状器

走向为北西至南东，有几个山峰相连。山的东侧有一孤峰。这一带属于柳江河流以西的峰丛地形。

　　甘前洞东距著名的"柳江人"化石地

点约30千米。溶洞发育于泥盆系薄层灰岩，为串珠珠式水平洞，海拔标高约395米，高于邻近坪地约8米。洞口北向，洞口宽约10米，高2.5米，深165米。

进入洞内以后，首先为宽大的洞厅，后洞穴沿着一条几乎被石笋、石钟乳堵塞的狭窄通道向东南方向发育，约10米后洞道再度开阔。

进洞口东南向是一较宽阔的椭圆形的大厅，后折向西南约50米，洞室便变窄变矮，往里各厅室均需爬行；而且洞内潮湿，常年滴水，石钟乳、石笋及其联合体常填满洞室，使洞室变窄。

甘前洞内的堆积物主要为黄色微红的黏土，其质细，富有黏结性，水分多时，黏性更强，干后呈龟裂，厚约3米。堆积层岩性变化不大，基本上不易分出明显层次。

甘前洞发现的人牙化石一共有17枚，从牙齿的形态构造特点、大小、颜色和石化程度来看，这17枚人牙至少分属5个不同个体。

其中3枚可能是一个6岁左右的小孩的左上第一臼齿、右下第一臼齿和左上中门齿，其齿冠长度与早期

■ 旧石器时代猿人生活图

土著 指一个地方的原始居民。是相对于外来者而言的一个概念。土著人是指在外来者从其他地方来到之前，就住在他们土地上的人民。他们的祖先在不同文化、或不同种族的人来的时候，就已居住在一个国家或一个地理区域。新来者后来通过征服、占领、殖民等手段，占有了统治地位。

大熊猫巴氏亚种 又称巴氏大熊猫，是我国大熊猫中最大的一个亚种。它们最早出现在早更新世晚期，到中更新世已广泛分布在我国西南、华南、华北和华中地区。到中更新世晚期，巴氏大熊猫逐渐进化成现代大熊猫，同时它们的分布范围和数量继续缩减，身体也逐渐变小，最后成为今天濒临灭绝的"活化石"。

智人阶段的丁村人相近，宽度却比丁村人和现代人都小，门齿呈铲形，显示出蒙古人种的特征。

在3枚儿童牙齿中，上第一臼齿的齿颈处发现龋洞，这是发现古人类患龋病的最早记录。

另外，还有20多岁、50多岁等人牙化石。经过对牙齿化石进行测量，并与猿人、长阳人、现代中国人比较，发现这些人牙化石具有一定的原始性，在分类上可归属于晚期智人。

根据人牙化石的尺寸和形态特征判断，土博甘前洞人类化石在分类上无疑地可归属晚期智人，在时代上属更新世晚期，可能与柳江人的时代相当。

同时，在甘前洞还存在有大量哺乳动物化石，多为单个牙齿，计有华南豪猪、猩猩、中国熊、大熊猫巴氏亚种、巨貘、中国犀、剑齿象等22种，均为我国华南晚更新世"大熊猫——剑齿象"动物群的常见成员。

但是，甘前洞内并没有发现石制品和其他史前人类生活的遗迹。

■ 剑齿象牙化石

甘前洞含化石堆积为一表层钙板封盖，该样铀系年龄是我国现代人类早期出现的首批年代学证据。

两个动物化石样的两种铀系法年代范围为8.5万年至13.9万年，表明该地点与含化石堆积与表层钙板间无地层倒序现象，可以明确，发现的人牙化石肯定早于10万年。

甘前洞人类化石的发现，表明居住在我国南方的人类种群已出现了明显的现代特征。在现代人类起源方面，我国不应是远离中心、滞后和被取代的地区。晚期智人在我国南方出现的年代，很可能比原认为的早得多。

■ 猿人头骨化石

阅读链接

1981年广西壮族自治区博物馆与中国科学院在柳江县土博乡四案村东南的甘前洞考察时，从地层中采得人牙化石5枚，并获当地群众以往从该洞挖得的人牙化石4枚。

1997年，考古专家黄启善等人在该洞调查时，又发现8枚人牙化石。

1998年，沈冠军等人再一次考察了甘前洞，他们注意到，该地点含化石堆积为一表层钙板封盖，遂取样携回试测。该样铀系年龄大大超出了原有估计。

其后，沈冠军等人又于1999年和2000年两度考察甘前洞，复核样品的层位意义，探寻新的样品。经过对样品的分析和深入研究后认为，由于甘前洞含化石堆积的年代被推至10万年以上，似不能完全排除其人类化石被重订为早期智人的可能。

桂林最早的人类宝积岩人

广西"宝积岩人"发现于广西桂林北城漓江西的宝积山南山腰的宝积岩主洞内。"宝积岩人"的发现,为研究桂林远古时期的历史以及我国古人类的发展和分布提供了有益的新资料。它是桂林已知的最早的原始人类,是桂北地区重要的原始人类。

■ 猿人遗留的灰烬

据说,桂林的宝积岩人,还与天上的嫦娥有关系呢。

传说很久很久以前,桂林这个地方既没有山,也没有水。

王母娘娘的蟠桃盛会被孙悟空搅乱后,开不成了,天上4位仙女:嫦娥、织女、麻姑和元女便

■ 猿人制作陶器场景

呼朋引伴，饱览瑶池的风光去了。她们一路看到那仙山琼阁，好一派仙家胜景。于是便商定在人间也造出一座仙境。

嫦娥到了桂林，看见赤地荒野，无水无山，老百姓生活苦不堪言。便动了恻隐之心。

于是，嫦娥从月宫中取来桂花树种，仙袖一拂，便植下漫野桂花树来。她口中并且念叨着："桂林，桂林，桂树成林。"因此才有了"桂林"这个地名。

嫦娥又驾着五彩祥云，来到北方的崇山峻岭之间。向群山吹了一口仙气，一座座大山立刻变成了一匹匹高头骏马，她骑上一匹快马领头，马群便乖乖地跟她向南方奔去。经过长途艰难跋涉，终于把马群赶到了桂林。

嫦娥按照自己设计的图样，将马群变成石山并作了巧妙的安排：这里放三座，那里垒五堆，东边置一

王母娘娘 亦被称为金母、瑶池金母、瑶池圣母、西王母。我国神话传说中的女神。原是掌管灾疫和刑罚的大神，后于流传过程中逐渐女性化与温和化，而成为慈祥的女神。相传王母住在昆仑仙岛，王母的瑶池蟠桃园，园里种有蟠桃，食之可长生不老。

■ 古猿人下颌骨

座大山，西面摆一排小山。那些石马也领会了嫦娥的心意，变成一座座挺拔俊俏而又姿态各异的青山。

嫦娥巧摆石山，使桂林群峰耸立，奇洞幽深，配上原来的桂花树林，真成了百里大花园。唯一遗憾的是这里没有水。

赶巧南海观音菩萨正从桂林上空经过，被桂花的冲天香气吸引，便循香察看，嫦娥见菩萨对这里的美景赞不绝口，便向菩萨提及缺水一事。

菩萨听了之后说道："这有何难，你只要在群山之中开出一条河道，再将我这净瓶里的水倒入河中，便会清波荡荡，水到渠成。"

嫦娥听了，顿时愁云尽扫，笑逐颜开，谢过观音，接过净瓶，去开河道。于是，一条不大不小的河道，就奇迹般地开了出来，犹如游龙走蛇，曲曲弯弯，人间的仙境桂林从此有了清清漓江。

嫦娥非常喜欢这个地方，就在桂林宝积山上建了大洞，经常和吴刚带着玉兔到人间来住上一段，也许他们的后代就是宝积岩人。

桂林宝积山为石灰岩孤山，海拔 210米，岩溶发育较早，溶洞多处。主洞朝向西南呈199度，距地面高8米左右，洞内往深处逐渐倾斜，是一个高2至5米，宽6至22米，深达44米的较大洞穴，面积968平方米，文化层亦在钙华板之下，呈灰黄色胶结土堆积。洞内已有约500平方米的文化堆积被清除。

在残存的主洞北壁残余堆积中，有一批动物牙化石，在洞口的钙华板下还发现有炭粒和动物烧骨。其中有6颗人牙，两颗石化属更新世晚期智人牙化石。

洞内东壁、北壁及中部垂柱下压的3处残余堆积遗物也很丰富。发现有晚期智人牙化石、打制石器和大熊猫—剑齿象动物群化石。

其中有两枚人类臼齿已呈淡黄乳白色，有相当的石化程度，为同一个体的老年人牙化石，分别为右下第二臼齿和左下第三臼齿。前者齿冠由于经常食用粗糙食物及年龄老化磨损程度已相当强烈，咬合面珐琅质大量被磨耗；后者齿冠亦因此在近中侧缘已有磨耗。

通过研究，这两枚宝积岩人类牙齿被认为已无明显的原始特征，表明它为地质时代的第四纪更新世晚期，属于距今3万年前人类进化史上的晚期智人，是介于"柳江人"与"麒麟山人"之间的又一代。

再从其齿冠、齿根测定的各种数值观察，与甑皮岩遗址先民的体质特征极为接近，无疑，"宝积岩人"是甑皮岩先民的直接祖先。

在其他广西古人类的化石遗址中，还未见到伴生石器，而在宝积岩人牙化石堆积中，却发现有石核7件、砍砸器4件、刮削器1件等石英粗砂岩打制石器。

这些打制石器，器型个体不大，均采用直接单向锤击，不加修理，制作粗拙，大都留有砾石原面，使用尚不分工，显示了较原始的旧石器时代晚期特征。

这些特征反映出"宝积岩人"

第四纪 新生代最新的一个纪，包括更新世和全新世。其下限年代多采用距今260万年。第四纪期间生物界已进化到现代面貌。灵长目中完成了从猿到人的进化。

嫦娥 本作姮娥，因西汉时为避汉文帝刘恒的讳而改称嫦娥，是神话人物、大羿之妻。神话中因偷食大羿自西王母处所盗得的不死药而奔月。在道教中，嫦娥为月神，又称太阴星君，道教以月为阴之精，尊称月宫黄华素曜元精圣后太阴元君，或称月宫太阴皇君孝道明王，作女神像。

■ 猿人头骨

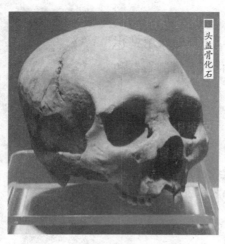
■ 头盖骨化石

的打制石器，要晚于广西百色上宋村、田东新州煤矿出土的以个体居大、打制更为粗拙更具原始性特点的石器自成一个阶段。

与"宝积岩人"牙化石、打制石器伴存的，还有大量先民捕获食后的动物化石，其中，鹿与野猪居多；其次剑齿象、巨貘、犀牛、巴氏大熊猫、最后斑鬣狗数量不多，已接近绝灭；余下的11种均为现生种属。

这都是第四纪生活在华南的"大熊猫—剑齿象动物群"的常见成员，但他们没有采集螺蚌为食。

宝积岩遗址年代为距今2.4万年至3.5万年。该遗址石器与人类化石共存，这在广西少见，是广西境内旧石器时代材料最全的遗址。

阅读链接

1979年，全国举办首届青少年科技成果展览。在宝积山山麓的广西师范大学附中有一位毕业于北京大学的历史教师李庆忠，他想起了近在眼前的宝积洞中的化石，于是在学生中组织了一个"古生物化石发掘小组"，开展课外科研活动。

接下来的几天，发掘小组在残存的主洞北壁残余堆积中，采到了一批动物的牙化石，还在洞口的钙板下发现了炭粒和动物烧骨。

5月底，李老师带去的人牙化石标本振奋了广西文物工作队。他们表示要马上来桂林，抢救残存的遗物，以探个究竟。

6月，到达桂林的自治区文物工作队去附中观察了现场，接着汇报鉴定、发掘情况：送去的6颗人牙中，有两颗石化已深，属更新世晚期智人牙化石。

桂林历史之根甑皮岩文化

　　甑皮岩文化是发现于广西桂林独山西南麓洞穴的新石器时代早期文化，年代为距今1万年至7450年。甑皮岩文化确定了生活在甑皮岩的原始人的具体年代。

岭南先民想象图

甑皮岩文化是华南地区新石器时代早期有代表性的文化，不仅出现的时间早，而且存续时间长，长达5000年之久，它甚至比河姆渡文化和半坡文化延续时间都长，而且它本身在原地不断进化。因此被称为"华南及东南亚史前最重要的标尺和资料库之一"。

甑皮岩位于独山西南山脚，这里地势开阔，山林茂密，水池荡漾，远古时代的甑皮岩一带蕴藏十分丰富的动植物资源，为先民们提供了充足的食物来源，加上适宜的宽敞洞穴和温暖的气候，甑皮岩先民得以在此生生不息。昔日的甑皮岩，不愧为远古先民的乐园。

甑皮岩遗址是新石器时代桂林先民的一处居址和墓地，这里一共发现29座人类墓葬，有人类骨骼30具。

墓葬中有一处石器加工点及火塘、灰坑等生活遗迹，还有打制和磨制石器、穿孔石器、骨器、角器、蚌器数百件。

蚌壳的年代为距今11310年上下，年代竟然超过万年说明这是一处位于岭南的新石器时代文化遗址。

另外墓葬中还有捏制和泥片贴筑的夹砂和泥质陶器残片上万件，以及人类食后遗弃的哺乳类、鸟类、鱼类、龟鳖类、腹足类和瓣鳃

■ 岭南文化高足杯

■ 原始人类制陶场景

类动物骨骼113种。兽骨分别为虎、棕熊、爪哇豺、水獭、麝、獐、黄牛、羊以及犀牛。

甑皮岩遗址的猪不是野猪，而是人工饲养的家猪，是我国境内年代最早的。但是，尚处在驯化的初级阶段，可见甑皮岩人的饲养业并不兴旺。

甑皮岩遗址的动物群非常丰富，因此被特殊命名为"甑皮岩遗址动物群"。其中的哺乳类动物均属于喜暖动物，由此可见，那时桂林地区的气温比后世要高些，与云南西双版纳的气温近似。在桂鹿科中，发现一种新属种，已定名为"秀丽漓江鹿"。

由此可见，甑皮岩居民的经济方式是以狩猎、采集和捕捞为主的综合经济，但是逐渐掌握了家畜饲养技术以后，开始驯化猪，并可能在距今7000年前有了原始的农业生产。

这些遗迹、遗物依地层和文化特征可划分为五

甑皮岩 位于广西壮族自治区的桂林境内，是一座独山，因山体外貌形似当地居民蒸锅之盖，方言称之为"甑皮"。那里有岩洞，叫作"甑皮岩"。由于发现了我国一万多件史前文化遗物，被誉为"史前明珠"和"桂林历史之根，中华文明之源"。

期，由此可勾勒出公元前1万年至5000年间桂林原始文化的发展轨迹。

在第一期发现一件破碎的捏制夹粗砂陶容器，是我国发现的最原始的陶容器实物之一，年代在公元前1万年至9000年。

在第二、三、四期的陶器大部分用泥片贴筑法制坯，露天堆烧法烧造，显示出公元前9000年至6000年间桂林陶器制造技术的发展。

第五期进一步出现用慢轮技术修坯的泥质陶器，纹饰除传统的绳纹、篮纹等编织纹外，新出现式样繁多的刻画纹、戳印纹、捺压纹，如干栏纹、水波纹、曲折纹、网格文、弦纹、乳钉纹、篦点纹、附加堆纹等，器型富于变化，有罐、钵、圈足盘、豆、支脚等器类。

第五期的磨光石斧、石锛、石矛、石刀、骨镖、骨镞、骨锥、骨针制作精良，蚌匙全国仅见。第五期文化代表了公元前6000至5000年间桂林史前文化的最高水平。

墓葬发现于第四、五期，墓坑形状均为不太规则的圆形竖穴土坑墓，葬式为其他地方少见的屈肢蹲葬，人骨架多数保存较好。

甑皮岩洞穴遗址出土的大量遗物，给我们展现了一幅桂林原始居民的生活图景。他们集体进行劳动，过着以渔猎和采集为主的生活，后来则过渡到农业和驯养开始萌芽的阶段。由于当时的人类使用的工具主要还是石器，生产力十分低下。

那时，青壮年的男人成群结队，手持木棒、石矛等，每天出没于山野密林和湖沼河旁，围捕野兽，打捞鱼

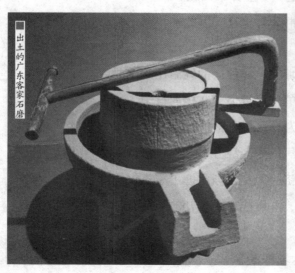

出土的广东客家石磨

猿人生活场景

虾；妇女主要从事采集、制造陶器、养老抚幼等活动。

在甑皮岩先民的葬俗中有妇婴合葬的现象，一个中年妇女葬后，又将先葬于其他地方的一个婴儿迁到妇女身边合葬，这种情况表明甑皮岩先民尚处于母系氏族社会阶段。

甑皮岩不同地层的堆积反映了不同时期远古先民的文化面貌和生产力状况。从这种意义上来说，甑皮岩遗址就是一本史前文化的编年史。

阅读链接

1965年，桂林南郊的大风山小学，人们想利用附近独山下一个叫甑皮岩的天然洞穴构筑防空洞，为此组织了一次爆破。几声爆炸声过后，人们惊奇地发现，碎土中暴露出许多人骨、人牙、兽骨和陶片。

1973年至1975年，由广西壮族自治区文物工作队和桂林市文物管理委员会进行抢救性发掘。正名为"甑皮岩文化"。

2001年，桂林市甑皮岩遗址公布为全国重点文物保护单位；2002年，获得国家文物局颁发的国家田野考古二等奖。

留下稻作文化的骆越人

　　秦始皇统一六国前的这一时期，广西地区称骆越国，骆越国居住着百越部落中的"骆越""西瓯""苍梧"人。

　　"骆越"这个称呼最早见于《逸周书·王会》中提到的"路人大

动物化石

竹"，朱右曾《逸周书·集训校释》云："路音近骆，疑即骆越。"

骆越与西瓯是构成我国壮族的主要两个支系，存在了1000多年，创造了灿烂的稻作文化。壮族传承的古代文化，在很多方面是西瓯、骆越人创造的。骆越地方创造的稻作文化、大石铲文化、龙母文化、青铜文化。青铜文化中的铜鼓文化和花山文化等，是中华民族宝贵的文化遗产。

骆越人、苍梧人和西瓯人一起，在我国最先发明了水稻人工栽培法，为中华民族也为全人类做出了巨大贡献。

■ 木炭化石

此时属于壮族人民居住的地区仅为我国的郊区之地，部分地区责属于汉族国家之一的楚国所有，当时的骆越人社会也是处于从原始社会向阶级社会过渡的时期。

在这种人类社会的原始时期，骆越人民的政治制度使用的是氏族部落制度，它是在血缘纽带制度基础之上形成的一种统治制度。

他们的各氏族和部落的头目一般由选举产生，大小头目之间的关系是上下臣属关系，小头目必须服从大头目，每个头目对所属的人们拥有很大的权力。

同时，氏族和部落均设有议事会，氏族和部落的重大事务均由议事会处理。氏族和部落各有长期形成的习惯法，它是维护社会秩序的准则。

氏族 原始社会中以相同血缘关系结合的人类社会群体，其成员出自一个共同的祖先。大约产生于旧石器时代中、晚期。他们往往用一种动物或植物作为本民族的图腾标记。氏族成员的地位平等，集体劳动，平均分配，财产共享。公共事务由氏族首领管理，重大事务由氏族成员组成的氏族会议决定。

广西桂林灵渠

这种古老的氏族部落制度延续了数千年，后世长期保留着其残余形式。如民间中有族长、君长、酋长、酋帅、渠帅等称呼，村落中设有议事亭，有乡规民约等，这些事情均是传统的政治制度的表现。

公元前221年，秦始皇统一六国后，派尉屠睢率领50万大军，兵分5路进军岭南。秦军战胜西瓯人，统一了岭南，设立了桂林、南海、象郡，置于中央集权制的统治之下。

随后，又派监禄在广西修筑灵渠，把湘江与漓江连接起来，沟通了长江水系和珠江水系。接着，从中原迁来大批汉人"与越杂处"。这些汉人在与瓯、骆越的交往、通婚过程中，部分成为壮族，同时加速了越人社会经济的发展。

从汉至唐初，在八桂壮族地区出现了一些"雄于乡曲"的大姓，如番禺的吕氏，高凉、合浦的冼氏，钦州的宁氏等，称为"百越大姓"，各自雄居一方。

唐代，曾把岭南道分置岭南东、西两道，设五府经略使于广州，下分五管。其中桂、邕、容三管都是壮族先民的聚居区。

宋元时期，在八桂地区开始推行土司制度。朝廷分别给首领者知州、权州、监州、知县、知峒等官衔，世代承袭。

土司制度的内容实质是：中央王朝册封当地少数民族中有威望有势力的首领为职官，划其疆界，使之"世领其土、世有其民"，维持

八桂文化特色与形态

他们内部原有的社会结构、经济形态和风俗习惯等。

1041年，广源州部族首领侬智高以傥犹州为根据地，招纳各方面逃难来的劳动人民，建立"大历国"。后来被宋的藩属交趾郡打败。

当时，交趾郡王采取怀柔政策，封侬智高为广源、思浪等州的知州。但侬智高到广源州后，积极准备力量，以待机东山再起。

1048年，侬智高袭取了安德州并为根据地，建立"南天国"，年号景瑞。他的用意只是在长江以南建立一个有力量抗拒交趾的国家，这标志着我国壮族的正式形成。

壮族地区土司制度的形成即是开始于镇压侬智高起义以后，这种"以夷治夷"的间接统治方式，可缓和中央王朝同边疆少数民族之间的矛盾，保持社会安定，有利于维持和巩固国家的统一。

土司制度 从宋朝到清朝在我国南部和西南部少数民族地区普遍设置施行的一种社会制度。因为这些地区少数民族在社会发展形态上与王朝直接统治的中原汉族地区不同，不能以汉法治理，只能施行"因俗而治"的特殊政策进行统治。

■ 广西兴安运河灵渠

广西兴安运河灵渠

在八桂地区开始施行了土司制度的管理后，当地的社会经济文化得到了一定的发展。

明代初期，广西土司共有190多人，是土司制的繁盛时期。明代中叶以后，中央王朝采取"改土归流"的措施，是指改土司制为流官制。改土归流有利于消除土司制度的落后性，同时加强中央对西南地区的统治。

阅读链接

改土归流后，广西地区的生产关系有了一定的调整，从而使生产力得到了发展。农民开垦荒地，扩大耕地面积，兴修水利，围塘蓄水，灌溉田园，加之选种育秧，中耕除草，稻谷亩产增产。

手工业也较发达，武鸣、忻城生产的壮锦，钦州产的紫砂陶器，容县的造纸业都比以前有了较大的发展。

随着农业、手工业的发展，壮族地区的商业也发展起来，当时桂平、合浦成了货物贸易的集散地，驰名的合浦"南珠"，远销海外。

八桂风骨

先秦时期，广西为骆越国，居住着百越中的"骆越""西瓯""苍梧"人。公元前214年，秦统一岭南，设置桂林、南海、象郡，广西大部分地区属桂林郡。广西称"桂"由此而来。

自古以来，广西荟萃了丰富的文化积淀。如广西最早的学者陈钦、唐代广西第一大诗人曹邺、《全唐诗》收录诗最多的广西人曹唐、广西第一个"三元及第"者冯京、明代广西唯一的兄弟尚书蒋昇、蒋冕以及抗法名将冯子材、刘永福等。

广西最早的学者陈钦

陈钦，字了佚，约生于公元前34年，我国西汉经学家，广西苍梧郡广信县，即广西梧州人。岭南地区最早的经学家，被清代大学问家屈大均称为"粤人文之大宗"。

陈钦画像

《左氏春秋》的重要传人，贾护授陈钦，陈钦授王莽，王莽后成为西汉、东汉间过渡的新朝皇帝。

陈钦没有本传，其事迹散见于《汉书》与《后汉书》的有关列传之中。

陈钦自幼勤敏好学，受过良好的教育，熟习《易》《书》《诗》《春秋》和《礼记》五经。汉成帝时举贤良方正。陈钦曾为王莽学习左传的老师。

陈钦以《左传》授王莽之事，一见于《汉书》"儒林传"述西汉《左传》学人条：

■《汉书》

文风传承 八桂风骨

汉兴，北平侯张苍及梁太傅贾谊、京兆尹张敞、太中大夫刘公子皆修《春秋左氏传》，谊为《左氏传》训故，授赵人贯公，为河间献王博士，子长卿为荡阴令，授清河张禹长子。

禹与肖望之同时为御史，数为望之言《左氏》，望之善之，上疏数以称说，后望之为太子太傅，荐禹于宣帝，征禹待诏，未及问，会疾死，授尹更始，更始传子咸及翟方进、胡常。

常授黎阳贾护季君，哀帝时待诏为郎，授苍梧陈钦子佚，以《左氏》授王莽，至将军。而刘歆从尹咸及翟方进受，由是言《左氏》者本之贾护、刘歆。

此外便是《陈元传》中所记："王莽从钦受《左氏学》，以钦为厌难将军。"

王莽先从沛郡陈参学《礼经》，后又从陈钦学《左传》。同是治《左传》者，贾护与刘歆齐名。王莽为外戚子弟，刘歆为宗室子弟，"莽少与歆俱为黄门郎"。

《左传》原名为《左氏春秋》，简称《左传》。相传是春秋末年左丘明为解释孔子的《春秋》而作的，实质上是一部独立撰写的史书。以《春秋》为本，通过记述春秋时期的具体史实来说明《春秋》的纲目，是儒家重要经典之一。

■ 王莽雕塑

陈钦于是被王莽重用，公元9年，王莽自立为皇帝，改国号为"新"，封陈钦为"厌难将军"，以表彰他憎恶神学邪说的战斗精神。

次年，陈钦所率领的大军驻扎云中，也就是现在的内蒙古托克托。

公元11年，匈奴单于派他的弟弟咸去朝见王莽。咸表示臣服于新，并将自己的儿子助和登留在长安做人质。王莽高兴地封咸为孝单于，助为顺单于。

岂料，咸回去后，匈奴军队仍常常来侵扰边境，闹得边地很不安宁。公元12年，陈钦把这个情况如实报告王莽："犯边者皆孝单于咸子角所为。"

王莽得知后大怒，立即将登斩首于长安。咸即位匈奴单于后，方知儿子登已死，悲愤交加，要求将儿子的尸骨取回安葬。

王莽为了与咸和谈，撤回驻屯边郡大军，将陈钦免职调回长安。第二年，陈钦为了保证中原与匈奴的统一大业，只好把责任都承担下来，自杀而死。

陈钦的一生有着悲剧色彩。他所创下的经学业绩，2000年来，一直受到历代经学史、文化史学人的追寻和探究。

陈钦代表的古文经学派为是否确立《左传》的官学地位、设《左传》博士，与今文经学派之间进行了一场学术大争论。

《左传》写于公元前4世纪，是我国古代的一部著名的历史著作，属古文经学派。自汉武帝以来，今文经学一直是汉代的官方哲学，古文经学在政治上没有地位，只是在民间中私相授受。

陈钦代表的古文经学派在争论中赢得胜利，所研究的《左氏春秋》终于被列为官学，影响十分深远。

陈元，字长孙，陈钦之子，继承父业，对《左传》作了广博精深的考证与注释，著有《左传异国》。

东汉初年，古文经学与今文经学的论争再度掀起，重点放在是否设立《左传》博士的问题上。这场论战，陈元显出了卓越的学识、思辨力和毅力，取得了辩论的胜利。"帝卒立《左氏》学，太常选博士四人，元为第一。"

汉光武帝期间，陈元作为古文经学派代表，对《左氏春秋》的研究达到最高水平，与桓谭、杜林、郑兴齐名，在全国的学术界有着相当大的影响，同时也表明当时的广信是岭南《左氏春秋》研究的重心。

阅读链接

陈钦、陈元父子作为岭南学术上有重大成就的学者，不但为同时期学者所承认，而且载入史册。《广东通志》《广西通志》的《儒林传》，都把陈氏父子列在首位，称"陈元独能以经学振兴一时，诚岭海之儒宗也"。

后世也一致高度评价陈氏父子："如《春秋左氏传》，广东最先倡导的人就是广信的陈元及其父陈钦。《春秋左氏传》由来已久，但不经陈元的研究和鼓吹，未必能立于官学。"

自此之后，《左传》在学术上的地位日益显著，对我国学术思想影响很大，这是陈元的贡献。

广西最早的状元赵观文

赵观文，唐代状元，广西桂林人，后担任翰林院侍讲。

在秀甲天下的桂林山水中，有一景点叫"斗鸡奇观"。赵观文的故事就与斗鸡山有关：

赵观文画像

赵观文素有"神童"之称，10多岁时，他进城考秀才，考完试就跟几位同场考人一道，游山玩水去了。

几个书生乘舟由虞山南下，来到了斗鸡山下的斗鸡潭。

但见两山隔江对峙，恰似两只跃跃欲斗的雄鸡。赵观文身临其境，口占一绝：

江流横锁斗鸡山，何故相争昂紫冠？
今日皇都多此戏，低吟高唱泪痕斑！

■ 桂林斗鸡山

此诗一出口，马上赢得了众人的喝彩。同行的李书生很有才气，略一思索，也吟诗一首："东西雄峙石如鸡，碧水南流处处诗。振羽昂冠时欲斗，隔江相望两长啼。"

大家品评这两首诗，觉得赵诗立意略胜李诗一筹。唐朝末年，帝王公卿及富人们之间盛行斗鸡，赵诗触及了这一现实。

轻舟继续下行，李书生猛一回头，看到斗鸡山恰似雄鸡搏斗，灵感顿生，不禁脱口而出："斗鸡山上山鸡斗。观文贤弟，下联如何？"

赵观文一听，这是"回文联"，对联中的一绝。李生此联首尾相对，字字工整，堪称绝对。赵观文绞尽脑汁，禁不住心慌意乱起来。众目睽睽之下，羞得满面通红。赵观文从此留下了一块心病。

895年，赵观文乙卯科状元及第。该科进士及第十五人。考官为刑部尚书崔凝，复试为翰林学士陆扆。

翰林院 从唐朝开始设立，初时为供职具有艺能人士的机构，自唐玄宗后，翰林分为两种，一种是翰林学士，供职于翰林学士院，一种是翰林供奉，供职于翰林院。翰林学士担当起草诏书的职责，翰林供奉则无甚实权。晚唐时翰林学士院演变成了专门起草机密诏制的重要机构，有"天子私人"之称。

灵芝 我国中医药宝库中的珍品，自古以来就被认为是吉祥、富贵、美好、长寿的象征，有"仙草""瑞草"之称，中华传统医学长期以来一直视为是滋补强壮、固本扶正的珍贵中草药。民间传说灵芝有起死回生、长生不老之功效。古今药理与临床研究均证明，灵芝确有防病治病、延年益寿之功效。

当时试题为《人文化天下赋》和《内出白鹿宣示百官诗》；复试为《曲直不相入赋》和《良工献问赋》《询于刍荛诗》和《品物咸熙诗》。

本科榜发时，张昭宪居榜首，赵观文名列第八；进士及第二十五人。

落第举子不满，指责考官崔凝营私舞弊。唐昭宗得知，下诏于武德殿重试，并命翰林学士陆扆主试，又亲自阅卷。认为赵观文"才藻优瞻，义理昭然，深穷体物之理，曲尽缘情之妙。所试诗赋，辞艺精通，皆合本意"，遂钦定为第一。

赵观文状元及第后，从京城到广州，看望了与他同甲登第、被贬边城的同乡李生，就是那位出"斗鸡山上山鸡斗"上联的才子。

然后，赵观文乘船经西江取道梧州回桂林。当赵

■ 唐代放榜图

■ 隋唐士子科举图

观文的船来到西江一个码头时，码头上来了一个长得极丑的姑娘。说要到桂林探亲，想搭顺路船，情愿帮工顶船费。可别的船主都嫌姑娘丑而不让她登船，她急得哭了起来。

赵观文很同情，便热情叫姑娘上船同行。谁知姑娘上船就病了，又是发烧又是讲胡话。好在赵观文学过医，顶半个郎中。他叫船家停下，要上岸采药。

赵观文爬到山崖上，看到一大片草药，心中大喜。他正要去采，草丛中忽然跳出一只硕大无朋的白虎，向赵观文点了三下头，跳进草丛，衔出一支灵芝放在他的面前，然后摆着尾巴走了。赵观文回到船上，将灵芝熬成药汤，慢慢喂给姑娘吃，姑娘的病马上就好了。

船老板埋怨道："还不快走，逆水行船，少则20天，多则一个月才到桂林呢！"

姑娘说道："若一个晚上能到家那多好！"船老板骂道："你不是说胡话吧？"

唐代状元浮雕

可船没行多远就抛锚了。这天晚上，天黑得伸手不见五指。初更时分，突然电闪雷鸣，风雨交加，客船颠簸得好厉害，赵观文吓得睡不着，风平浪静后才慢慢迷糊起来。

朦胧中，忽听得船老板惊叫："哎，大人、大人！你快来看！"

赵观文倏然惊醒，忙探头出舱外。但见玉兔高悬，奇山秀水在月色中分外静谧。船老板惊奇地说："大人你看，我们的船，怎么就过了阳朔兴坪，停在漓江的盘龙村边？"

赵观文赶忙钻出舱来："啊，真的是漓江！这是盘龙啊！不是在做梦吧？"

正惊疑，只见盘龙庵的庵门大开，两个小尼姑各提灯笼，护着一位老尼姑走出来。径直来到船边，双手合十道："我佛慈悲！适才有人托梦于我，桂林才子、当朝状元公返回故里，命我备茶迎候……"

赵观文见回到家乡，好不兴奋，连忙跳下船来吩咐道："书童，去取些茶资来。"

书童回船上取银子，突然大叫道："大人、大人！姑娘不见了！"

赵观文也吃了一惊，赶忙返回船上，只见舱篷上挂着一块黄帛，上书："才子赵观文，清廉有善行，嫦娥借风力，送尔过兴坪。"

赵观文看后，恍然大悟，丑姑娘原来是嫦娥的化身啊，她鼓起神风，一夜之间将他从西江送回漓江，回到故里了。他急忙对着高挂中天的明月拜道："多谢嫦娥仙子！"

赵观文随老尼姑进了盘龙庵，用过茶，天已大亮，便由老尼姑陪着，游览盘龙洞。

盘龙洞就在盘龙庵后面。洞顶有一根巨大钟乳石垂下，不停地滴着水。那水正滴在下面的一块巨石之上，两石相距仅尺余。

老尼姑介绍说："状元公，这就是远近闻名的盘龙石。这个洞，这个村，以及小庵，都是因它而得名的呢！"

赵观文仰首瞻望洞顶那垂下的钟乳石即盘龙石，

钟乳石 又称石钟乳，是指盐岩地区洞穴内在漫长地质历史中和特定地质条件下形成形如钟乳、笋等的现象。钟乳石的形成往往需要上万年或几十万年时间。有多种颜色，多种颜色间杂，形成奇彩纷呈的图案，它的形状千奇百怪，晶莹剔透，观赏价值高，可做上等观赏石。

文风传承

八桂风骨

■ 广西桂林下龙湾斗鸡奇观

酷似巨龙，盘旋而下，龙头、龙尾、龙爪、龙鳞，活灵活现，栩栩如生。再看下面的巨石，隐隐约约也像一条银龙盘旋而上，不禁击掌叫好。

看着、看着，赵观文忽然失声惊叫："哎呀，有了、有了！"

老尼姑被他的举止弄得莫名其妙："状元公有何惊人发现？"

赵观文兴奋地说："几十年前，有个同窗出了个妙联'斗鸡山上山鸡斗'，我一直难以续对，闷在肚里，成了心病。今看这盘龙石，真乃天作地设，境界非凡，是一幅绝妙画图。好！就对个'盘龙石下石龙盘'，如何？"

老尼姑沉吟道："'斗鸡山上山鸡斗，盘龙石下石龙盘'。妙哉！状元公，的确才气非凡呀！"

赵观文为情景所动，略有所思："状元还要皇帝钦点，人间难题还须神明指点！嫦娥仙姑送我到此，是要了却我半生夙愿啊！而且她还明示，人生虽多有磨难，但若孜孜不倦，刻苦追求，终能成正果啊！"

阅读链接

作为一代才子和广西第一状元，赵观文的文章、道德深为后人所敬仰。他逝世后，后人把他尊为"桂州五贤"之一，并建"五贤祠"纪念他。他与同时代的桂林阳朔诗人曹邺、临桂诗人曹唐被称为"桂州三才子"。

宋人刘植也写有一首《静乐赵观文挽词》："大星殒地寂无光，砚席凝尘闭野堂。一老海滨天下憨，百年江左恨空长。家传遗稿归中秘，帝录元勋纪太常。路远生刍来未得，泪乾门下老刘郎。"

唐代广西第一大诗人曹邺

曹邺，字邺之，桂州阳朔人，自以为魏武帝曹操之后，故名和字都取了"邺"字。其诗多为古体，《四怨三愁五情》诸诗皆沉浑慷慨，有建安七子之风。

曹邺与晚唐著名诗人刘驾、聂夷中、于濆、邵谒、苏拯齐名，而以曹邺才颖最佳，被称为"广西第一大诗人"。

曹邺生于816年，自幼聪颖，勤于攻读。相传曹邺少时曾在阳朔城北天鹅山下的一个岩洞中读书，这个岩后来就被称为"读书岩"。后人为了纪念他，曾在那里建曹公祠，曹公书院。

但由于各种原因，曹邺竟然

曹邺画像

屡试不第，致使他流寓长安达10年之久。直到850年，曹邺考中了进士，他在惊喜之余，写下了《寄阳朔友人》：

> 桂林须产千株桂，未解当天影日开，
> 我到月中收得种，为君移向故园栽。

此后，曹邺曾历任天平节度使掌书记、太常博士以及祠部、吏部郎中，后官至洋州刺史。

曹邺出生于山清水秀的阳朔，在阳朔留下了不少描绘山水的诗篇。如《东洲》：

> 江城隔水是东洲，浑是金鳌水上浮。
> 万顷碧波分泻去，一洲千古砥中流。

诗中所说的东洲，又称金鳌洲，在城东漓江中，形状窄长。傍晚，远望它宛如一条金色鳌溯游而上，为阳朔一景。

阳朔县城西隅，有屏风山，又称西山，也叫西郎山。曹邺有《西郎山》诗一首：

西郎何事面西方，欲会东郎隔大江。
自古明良时一遇，东郎未会恨斜阳。

而城东福利附近，又有一个如同人样，立于其上的小山，与西郎山遥遥相对，叫东郎山，曹邺作诗《东郎山》：

东郎屹立向东方，翘首朝朝候太阳。
一片丹心存万古，谁云坐处是遐荒。

曹邺在这首诗中借景抒怀抒发了明君良臣不能常得的感慨，表现了诗人虽身处遐荒之地，仍丹心系念

祠部　我国古代官署名。东晋设祠部，以祠部尚书为主官，掌祭祀之事。南北朝沿设，祠部尚书所辖，除祠部一曹外，亦兼辖他曹，隋改部名为礼部，辖四曹，即礼部、祠部、主客、膳部，余各曹分归兵部、工部。从此以后祠部成为礼部所属机构。

■ 桂林山水风光

国事的高尚情操。

曹邺和于濆、刘驾等人文风相近，他们在创作中都致力于古诗和乐府，反对当时拘守声律和轻浮艳丽的诗风。

曹邺的诗大都反映社会现实和人民疾苦。如《捕鱼谣》："天子好征战，百姓不种桑；天子好年少，无人荐冯唐；天子好美女，夫妇不成双。"对一些社会现象予以大胆的谴责和讽刺。

曹邺最为著名的诗是《官仓鼠》：

官仓老鼠大如斗，见人开仓亦不走。

健儿无粮百姓饥，谁遣朝朝入君口？

这首诗不啻为某些贪官污吏写照。而且该诗质朴洗练，多采用民间口语，有些接近谣谚，而笔锋锐利，富有直观性。

这种以大老鼠来比喻、讽刺的写法，早在《诗经·硕鼠》中就有。不过，在《硕鼠》中，诗人反复冀求的是并不存在的"乐土""乐国""乐郊"，而《官仓鼠》却能面对现实，引导人们去探求苦难的根源，在感情上也更加强烈，这不能不说是一种发展。

阅读链接

曹邺到晚年后辞官南归，迁居桂林城北阜财坊，以读书、写诗、教馆自娱。

其诗多吟咏故乡山水景色和田园风光，乡土气息浓郁，如《题广福岩》《东郎山》《西郎山》《东洲》《迁居桂林寄阳朔友人》等。

其故居在阳朔县城北面的龙头山和北鹿山之间。后人在其故居处修造了曹公祠堂、曹公书院。岩口存有"曹邺读书岩"5字榜书及明朝解缙的《曹邺读书岩》石刻。有诗集3卷，后只存2卷，《全唐诗》收曹邺诗108首。

以游仙诗著称的广西人曹唐

曹唐，字尧宾，广西桂林人，唐代诗人。初为道士，860年至874年的10多年间为使府从事。

822年，曹唐应邵州刺史萧革之辟，入邵州刺史幕府为从事，在邵州3年。萧革待他甚厚，他生活极其欢惬。萧革在邵州3年，秋满转官永州后，曹唐没有随往永州，而是入了长安。

825年，曹唐自邵州至京师应举，当年严公素赴容管经略使上任，曹唐以《奉送严大夫再领容府二首》相送诗中用"珍珠履"一典，表达了一种"亲从新侯定八蛮"的意愿，就是希望严公素辟其入幕的意思。

■ 曹唐彩像

826年，曹唐果真离开京师，到容管经略使严公素幕府为从事。

唐代陆路并不发达，前往容州的人，多从漓江南下至梧州，转滕州，然后溯北流江至容州。这首诗就是他前往容州投奔严公素途中所作。

828年，曹唐自容州赴京应举。第二年，皇帝举行盛大的"冬大礼"，历时3天，于太清宫、太庙、南郊三处祭祀，仪礼隆重，大赦天下。

846年春天，曹唐游江南。至九华山，寄诗池州刺史杜牧，希望杜牧到九华山与其相会。岳州刺史李远对曹唐的诗才十分欣赏，"每吟其诗而思其人"。

853年的一天，曹唐前往岳州同李远会面，李远穿着一双木屐出门相迎。见曹唐生得仪表堂堂，很是伟岸，就戏言说"昔未睹标仪，将谓可乘莺鹤，此际拜见，安知壮水牛亦不胜其载"。被人们引为笑谈。

855年，曹唐从岳州返回京师。就在那一年，他写下了《小游仙诗》其十七"玉诏新除沈侍郎，便分茅土镇东方。不知今夕游何处，侍从皆骑白凤凰"。

曹唐以游仙诗著称，其七律《刘晨阮肇游天台》《萧史携弄玉上升》等17首，世称"大游仙诗"。《唐才子传》称他"作《大游仙诗》50篇"，其七绝《小游仙诗九十八首》，尤为著名。

杜牧 晚唐杰出的诗人、散文家。官至中书舍人，因中书省别名紫微省，因此人称其为"杜紫薇"，尤以七言绝句著称，内容以咏史抒怀为主。杜甫与李白合称"李杜"，为了跟杜甫与李白区别开来，诗人李商隐与杜牧称"小李杜"。

曹唐诗中题材，大都取之于古代神话传说及六朝志怪小说，而加以艺术创造，发展变化。所咏仙境及神仙故事，迷离缥缈，瑰奇多采。而对神仙世界中之宫阙楼台，衣服妆饰，灵禽仙兽，琼花瑶草等，亦多刻画。

游仙诗是很早就有的。昭明太子萧统编《文选》，把诗分为20类，其第九类就是游仙。他选了晋代诗人何劭的一首，郭璞的七首，都是五言诗。大约游仙诗这个名目就起于晋代。

广西多桂树而称"桂"。《山海经》有"桂林八树，在贲禺东"。晋代文学家郭璞说："八树成林，言其大也。""八桂"也指四面八方的意思。

说明广西自古时就为仙家所青睐。我国自晋唐时道家思想就成为时尚，文人都爱好阅读道家书籍。修心养性，炼丹服药，希望延年益寿，甚至飞升成仙。这种思想表现在文学中，就成为一种新内容，游仙就标志着这一种内容。

曹唐的《游仙》诗，便是从《游仙窟》发展而成。"大游仙诗"后存17首，似乎是插入在许多仙女故事中的诗篇。17个诗题分别为《汉武帝将候西王母下降》《汉武帝于宫中宴西王母》《刘晨阮肇游天台》《织女怀牵牛》《萼绿华将归九疑留别许真人》《萧史携弄玉上升》等。

这17个诗题一共有11

广西桂林壮族古寨

个故事：汉武帝见西王母的故事，刘晨、阮肇入天台山的故事，牛郎织女的故事，麻姑的故事，萼绿华的故事，穆天子见西王母的故事，张休真的故事，杜兰香的故事，秦女弄玉和箫史的故事，皇初平的故事，汉武帝和李夫人的故事。

除张休真以外，其余是从士大夫到一般市民都熟悉的神仙故事。因此，曹唐这些诗可能都是当时说唱故事的人用作插曲的，正和《李娃传》之有《李娃歌》《冯燕传》之有《冯燕歌》一样。

曹唐的《游仙诗》在当时广为流传。集中尚有七律《送康祭酒赴轮台》及《病马五首》，或写景雄阔，或寄托深远，均属佳作。他也由此成为《全唐诗》中收录诗作最多的广西人。

阅读链接

曹唐的诗想象丰富，设色绮丽，并且对后世的游仙诗有一定的影响。《北梦琐言》载：曹唐同时人"沈询侍郎清粹端美，神仙中人也。制除山北节旄，京城诵曹唐《游仙诗》云：'玉诏新除沈侍郎，便分茅土镇东方。不知今夜游何处，侍从皆骑白凤凰。'"

可见《小游仙诗》在当时广为流传。

广西三元及第之首的冯京

冯京，字当世，生于1021年，是北宋时期广西众口皆碑的历史人物。他生于宜州龙水，15岁随父母迁居滕州，小时在藤城城西读书，颖悟非凡，才华出众，文武全才。

冯京几年后又落籍鄂州，此后到赣、江、浙等地游学。1048年，冯京在鄂州乡试，名列第一，中为解元，次年礼部会试，中了会元，皇帝殿试，又中了状元。连中三元，被称为"冯三元"，成为广西第一位三元及第的状元。

■ 冯京画像

殿试是指在朝廷里由皇帝亲自主持的考试，谁若是中了状元那就是前途无量了。

传说，冯京参加的那次殿试，竞

■ 广西桂林靖江王府古城门

争者中有大臣张尧佐的外甥石布桐。而张尧佐是皇上最宠爱的张贵妃的亲伯父，他志在必得，以重金送给监考、阅卷官员，要他们务必将石布桐取在第一名。

为阻止别的考生冒头夺魁，张尧佐请法师预测状元到底出在谁家？法师说会出在冯家。张尧佐立即找到试院登陆官，吩咐如果有姓冯的报名，一律不准列入准考名册和应试名单。

冯京得讯，苦思冥想，决定改姓名报考，他把"冯"字的两点移到"京"字旁，"冯京"便变成"马凉"了。殿试结果一公布，"马凉"高中第一名，成了状元。

宫廷里，"马凉"中了状元，百姓中，众人却知道中状元的是"冯京"。于是民间便有了"天下中冯京，天上中马凉""张氏权威无用，不中冯京中马凉"的传说。"错把冯京当马凉"也成了一句有名的谚语。

冯京三元及第、名闻天下了。但对生养自己的家乡龙江、宜州却始终一往情深。一次宫廷宴会，宋仁宗问起冯京家乡情况。

冯京自豪作答："我的家乡头戴平天冠，脚踏万年河，左手攀龙角，右手搬骆驼，前院九龙来戏水，后院龙尾通天河。日间千人朝拜，夜里万盏明灯。"

"平天冠"指天门拜相山；"万年河"指龙江；另外还描述了家乡优美的龙角山、骆驼山、九龙山、天河县。

皇帝当时听得兴致勃勃，不禁哈哈大笑道："好家乡！宜山真是地灵人杰的好地方啊！"

这一年冯京已经29岁，尚未娶亲，当时张尧佐正得势，想招他为婿。于是，他派人把冯京请到家中，给他束上一条金带，说是皇上的意思。张贵妃也从宫中派人送来美酒佳肴和陪嫁的清单。

但是冯京并不为色财所迷，他说母亲在家已定王氏女，极力推辞了这门亲事。

后来成为冯京夫人的王文淑的确是才貌双全，她是兵部郎中王丝之女。更巧的是这门亲事还是两人儿时在滕州父母便订下的娃娃亲。

平天冠 冕的俗称。《后汉书·舆服志下》："冕皆广七寸，长尺二寸，前圆后方，朱绿里，玄上，前垂四寸，后垂三寸，系白玉珠为十二旒，以其绶彩色为组缨。三公诸侯七旒，青玉为珠；卿大夫五旒，黑玉为珠。皆有前无后，各以其绶彩色为组缨，旁垂黈纩。郊天地，宗祀，明堂，则冠之。"

文风传承

八桂风骨

■ 骆驼山

明神宗画像

若干年后，王文淑病逝。当朝宰相富弼亲自做媒将文静好学、能诗善画的长女富若兰许配冯京续弦。

不幸的是，若兰与冯京做了几年恩爱夫妻，操劳过度不幸去世。但其妹妹若竹对博学正直的姐夫早有颇好印象，且怜惜他奔波操劳，内助乏人，有意续弦。

于是富弼又出面作主将小女续嫁姐夫。成全了一段"三魁天下儒，两娶相门女"的千古佳话。这当中，既饱含了二位千金对冯京清正、才气的倾慕，也深藏着宰相大人对一位为公天下贤臣的酷爱之心！

1051年，冯京被派任荆南府任通判。那时荆南府所属的几个县屡遭旱涝灾害，老百姓苦不堪言。冯京到各县视察灾情后，一面如实上报，一面责令受灾各县依据各户灾情轻重，对老百姓分别给予减免租赋。

同时，冯京命令各县动用"常平仓"的粮食救济灾民，还发动绅商富户捐钱捐物赈灾。一年后，冯京奉调回京。当地老百姓扶老携幼拦马扯衫，苦苦哀求不让他出城。冯京半夜才悄然赴京。

1052年和1053年两年间，冯京先后在朝中的集贤院、登闻鼓院、磨勘司和吏部南曹三司任中高级官员，并被任命为同修起居注，负责侍从皇帝及记录皇帝言行。

后来，冯京又被提拔为帮助皇帝起草诏令的知制诰，继任掌管对皇帝进行规谏和荐举人才的右正言、侍从皇帝以备顾问和起草诏书的龙图阁待制、知扬州、知庐州、江宁府等。

无论身任何职，冯京都怀抱"为官一任、造福一方"的朴素理想，时刻不忘老百姓的冷暖和温饱。

冯京为人正直无私，不干阿谀奉承的事。他知开封府时，数月不往丞相府，韩琦以为冯京高傲。冯京对韩琦表白："公为宰相，从官不妄造请，乃为公重，非傲也。"

神宗即位，冯京复为翰林学士，改御史中丞。王安石为政，试行新法。冯京上疏论其变法中失当之处，王安石欲予罢黜，但神宗认为冯京可用，反而任命冯京为枢密副使，后进为参知政事。

冯京后来由于郑侠妄言时政受牵连，被罢知亳州。茂州夷人叛乱，知首冯京率部前来，打算归顺。冯京上奏朝廷，请求不究既往，发农具，给粮草，夷人感激涕零，歃血盟誓，愿世代做宋臣民。

后来，神宗召冯京知枢密院，冯京便称病推辞不

文风传承

八桂风骨

参知政事 古代官名。又简称"参政"。是唐宋时期最高政务长官之一，与同平章事、枢密使、枢密副使合称"宰执"。唐制以中书令、侍中、尚书仆射之外他官任宰相职，给以"参知政事"等名义。以参知政事为副宰相。

■ 王安石与五先生雕像

■ 苏轼塑像

去。神宗一日午睡后呼左右道："适梦冯京入朝，甚慰人意。"

乃赐冯京诏，中有"渴想仪形，不忘梦寐"之语。未几，以冯京为观文殿学士知河阳。

哲宗即位，司马光、范祖禹极力举荐冯京为枢密使，冯京以年老为由辞却，哲宗乃以之为中太一宫使兼侍讲，改宣徽南院使，拜太子少师致仕。

冯京任知贡举时，有一位年轻人张舜民参加进士考试，不慎在作诗时重复押了一个"明"字。自以为因此而落榜，心灰意冷。

让他想不到的是，张榜公布时，他出乎意料地名列第四。张舜民虽然心里不知是谁暗中帮助，但一直感恩不已。

20年后，张舜民已任朝廷秘书监，被派出使辽国。路经大名府，冯京正在那儿任军政长官。

在招待宴席上，冯京对张舜民说："治平初科举时，看到阁下在诗中重复押了一次'明'字韵，本想弃之不用。后观君之大作，在策论中纵述富民强国之道，磅礴大气，于是录取上榜。如今阁下身为秘书监，身担重任，果然是一位天造人才。"

张舜民一听，连称惭愧，对冯京感恩佩服得五体投地。

冯京礼贤下士，乐于奖掖后进。他曾经先后向朝廷举荐过苏轼等人，这些人后来都在文学、政治和军事上有建树。特别是苏轼名列"唐宋八大家"，在文学上的成就世代瞩目。

苏轼对冯京的赏识帮助感激不尽。冯京任益州太守时，苏轼曾经专门写了一首《何满子·寄益州守冯当世》称赞：

见说岷峨凄怆，旋闻江汉澄清。但觉秋来归梦好，西南自有长城。东府三人最少，西山八国初平。

莫负花溪纵赏，何妨药市微行。试问当垆人在否，空教是处闻名。唱着子渊新曲，应须分外含情。

1094年，冯京因病去世，享年74岁。哲宗亲至其处所祭奠、悼念，赠司徒，谥文简。

阅读链接

冯京临事敏捷果决，政治才干卓越。他为地方行政官时，凡各县公事至，即行处理，从无壅滞。

冯京一生虽然历官显要，政务纷繁，西征北守，戎马倥偬，但勤笔多思，热心著述。编著的东西很多，有《潜山文集》和奏议30卷，及大量诗文。

冯京是藤县历史上的最为杰出的人物，因而受到历代官民的崇敬爱戴。早在宋淳佑年间，知滕州李万就访得冯文简公断碑刻于石。

明代，广西学政费克忠和知县唐侯等在城西冯京读书处建三元书院。在明洪武年间亲到藤县访寻冯文简公后人的同知金文仲，得冯京后裔冯士聪后，立牌坊《得隽坊》纪念。在城北大街还立有三元坊。

明代兄弟尚书蒋昇和蒋冕

　　1487年，广西全州人蒋昇和蒋冕兄弟俩"同登一榜进士"，后来，又一同成为尚书，有"兄弟尚书"之称，是明代广西唯一的兄弟尚书。

■ 明代授官图

■ 明代书房内景

兄弟同榜进士，同官至尚书，在明代，也是全国绝无仅有的。兄弟俩各有建树，显赫一门。

明代天顺年间，广西全州举人蒋良带着夫人郭氏赴任云南河西知县。

到任不久，郭氏生下一个儿子叫蒋昇。后因夫人不幸病卒，没人抚养幼子，于是蒋良又娶通海人陈氏为继室，陈氏也生下一个儿子叫蒋冕。

两个孩子都聪明过人，人们都赞叹说"两凤生二龙"。不几年，陈夫人也去世。蒋良任期届满，因为官清廉，余俸不多，只好用一匹马驮着两只竹篮，把两个孩子各放在一边的竹篮中载归广西。

后来，蒋昇仕至户部尚书，蒋冕仕至礼部尚书，人们赞叹说"一马驮双相"。

蒋昇，字诚之，号梅轩，生于1450年，进士及第授南海知县，擢南京监察御史、户部右侍郎，嘉靖初

户部、礼部 我国古代官署名，均为六部之一，户部为掌管户籍财经的机关，长官为户部尚书，曾称地官、大司徒、计相、大司农等；礼部在南北朝北周始设，隋唐为六部之一，历代相沿。长官为礼部尚书，掌管全国学数事务及科举考试及藩国和外国往来等事。

■ 蒋冕画像

年升南京户部尚书，任职仅一年，以年老体衰辞归故里。

蒋冕字敬之，一字敬所，号湘皋，生于1462年，官至首辅内阁大学士，相当于宰相职务，是全州有史以来朝中最高职务者，故邑人称之为蒋阁老。

蒋氏两兄弟的老师叫吴伯璋。吴在全州任儒学训导6年后，蒋冕中解元。第二年，全州陈琬中进士。到了丁未，蒋氏兄弟同榜进士。

吴伯璋曾有《全州儒学瑞芝记》记其事。因此，史书称两兄弟"同气而出，同榜而宾兴，同时而为公辅，其德性同温克，器识同深沉，其学问同博雅，故施于事业也同为有声"。

蒋昇和蒋冕兄弟俩各为官达三十五六年之久，历经成化、弘治、正德、嘉靖四朝，是当时比较正直的著名官吏，其中蒋冕被史书称为"理学名臣""有古大臣风"。

蒋冕天资高，自小有神童之称，被世人看重。10岁时读书即过目成诵。1477年，年仅15岁的蒋冕高中广西乡试榜首，成为解元。

可见，蒋冕才华早露，年少就有宰辅之望。当时的内阁大学士丘文庄就对他寄以厚望，称之为"台辅之器"。

理学 是指宋朝以后的新儒学，又称道学。在嘉祐治平年间，理学获得了极大的发展，从而形成了王安石新学、司马光朔学、苏轼的蜀学、程颢、程颐兄弟的洛学为代表的理学四大派。

1487年，蒋冕考中进士，并入选为翰林院庶吉士。庶吉士制度在明成祖永乐年间确立，永乐以后得到发展、完善。在明代形成"非进士不入翰林，非翰林不入内阁"的不成文法，一旦入选为庶吉士，就被"目为储相"，看成未来的宰相。

蒋冕是个孝子，极重情义。当官后，他曾经写过一首诗寄到云南河西外祖家：

> 通海城西我母家，少年骑竹绕庭花。
> 依稀记得曾游处，芳草垂杨路不差。

蒋冕经过3年的历练，于1489年被授为翰林院编修之官，从此以后，蒋冕的仕途畅通，历任翰林院侍讲，翰林院侍读学士、吏部右侍郎、吏部左侍郎、礼部尚书等职。

1516年，会推阁臣，由于蒋冕"清谨有器识，雅负进望"，而得以入选。蒋冕是以礼部尚书兼文渊阁大学士的身份进入内阁，进入权力的中心。

■ 蒋昇画像

明代内阁一般有3至5名阁臣，最多时达7人，最少时仅一人。蒋冕入阁时已有杨廷和等两位阁臣，位次排在第三。

在明武宗驾崩至世宗即位

文风传承

八桂风骨

■ 明世宗朱佑杬像

江南 在历史上江南是一个文教发达、美丽富庶的地区，它反映了古代人民对美好生活的向往，是人们心目中的世外桃源。从古至今"江南"一直是个不断变化、富有伸缩性的地域概念。江南，意为长江之南面。在古代，江南往往代表着繁荣发达的文化教育和美丽富庶的水乡景象，区域大致为长江中下游南岸的地区。

的一个多月的时间里，蒋冕与杨廷和力行改革，去除弊政，清理机构，精简人员，减少支出，对当时政局稳定起了不小的作用，为开创嘉靖新政铺垫了道路，蒋冕功不可没。

正是通过杨廷和、蒋冕的除弊兴利，使嘉靖初年出现了社会安定的新局面。

嘉靖初年，"大礼之仪"之争。首辅杨廷和离开了朝廷，蒋冕顺水推舟地位至首辅。

在蒋冕的极力反对下，世宗暂没有遣官织造江南。百姓得以喘息，因此当时百姓无不夸蒋冕是个好官。作为正直的大臣，蒋冕与杨廷和一样，他不愿与违反礼法的世宗为伍，多次上疏乞休，这让世宗大为不悦，因此，在首辅之位仅两个多月就致仕。

首辅是人臣之极，是多少官员难以企及的。但是，蒋冕不屈服皇帝的权威，敢于力谏，为了"正义"宁愿弃官为民，这是在当时的确是少有的正气。

几年之内，朝廷复使聘之，三年不至。据说皇上曾颁诗一首道：

闻说江南一老牛，征书聘下已三秋。

主人有甚相亏汝，几度加鞭不转头。

蒋冕却称病，不肯出仕，回诗道：

老牛用力已多年，领破皮穿只爱眠。

犁耙已休春雨足，主人何苦又加鞭。

蒋冕是少有的清正廉洁、亲民爱民、关心群众的好官。全州民间流传着许多赞颂蒋冕的故事。其中有一则"巧写奏本救百姓"的故事颇耐人寻味：

明正德年间，蒋冕丁忧回广西全州。其间，正碰上全州年荒饥馑，而朝廷的赋税并没有减少，以致有许多人民不得不外出逃荒。

蒋冕看到全州人民生活困难，恰巧，该州的恩乡有个叫"八千"的村子被大火烧了，又饿死了一户姓"万"的人家。

他知道后，灵机一动，便给武宗皇帝写了一个奏本，说全州"火烧八千村，饿死万姓人"。

武宗皇帝见全州灾情如此严重，连忙降旨减了全州的赋税，还拨款拨粮给予救济，从而使全州民众度过了一场大饥荒，百姓感恩于蒋冕，竞相传颂。

阅读链接

蒋冕除了当好官外，还刻苦读书、著书。他留下的著作有《湘皋集》《琼台诗话》等。

作为一名杰出的政治家，能效刚正不阿，为民请愿，济世利民，一心只为朝廷服务，不计个人得失，整顿史治，功绩卓著，不愧是为官的典范。

大败法军的老将冯子材

冯子材，字南干，号萃亭，生于钦州沙尾村，客家人，清朝名将。

同治间累擢广西提督，中法战起，起用为广西关外军务帮办，大败法军于镇南关，攻克文渊、谅山，重创法军司令尼格里，授云南提督。

冯子材塑像

冯子材

甲午战争间奉调驻守镇江，官终贵州提督。治军40余年，寒素如故。

1818年，冯子材生于钦州县城沙尾街的一个小商贩之家。在社会风气和亲友言行的熏陶下，冯子材的思想中充满了许多儒家的正统观念，并以此来严格要求自己。

在父亲冯文贵、母亲黄氏早早弃世后，年纪幼小的冯子材只得独自步入艰难时世，先后做过木工，在钦廉地区护送过牛帮，甚至流落街头。

■ 冯子材故居

　　也正是由于这段经历，形成了冯子材疾恶如仇、不畏强悍的性格，还练出一身好武艺，为后来的军旅生活打下了基础。

　　冯子材从投军起一直认真负责，1864年，清廷大封军队中的功臣，冯子材也被重用，并且赏穿黄马褂，封为骑都尉世职。

　　1865年，冯子材被派往广东督办东江军务，又改办罗定、信宜等地军务，其间他曾入越帮助剿匪。

　　1881年，冯子材回到广西提督任上，这位65岁的老将，终于怀着"为有老罴卧当道，肯教牧马渡临洮"的愤戚心情解甲归乡。

　　但是，他的家乡钦州毗邻越南，法国侵略军步步进逼，窥视祖国南疆的消息不断传入他的耳中，也容不得这位御外性至强的沙场老将"骑驴长啸返江乡，闲看时贤补时局"。他忧心国事，多次派人深入越境，探听法人虚实。

　　黄马褂 亦作"黄马袿"，清代的一种官服。凡领侍卫内大臣、护军统领等，皆服黄马褂。后也赐予有军功的臣下。巡行扈从大臣，如御前大臣、内大臣、内廷王大臣、侍卫什长等，皆例准穿黄马褂。

■ 冯子材雕像

张之洞 （1837年—1909年），洋务派代表人物之一，其提出的"中学为体，西学为用"，是对洋务派和早期改良派基本纲领的一个总结和概括。他创办了三江师范学堂、武汉自强学堂、湖北武昌幼稚园等。张之洞与曾国藩、李鸿章、左宗棠并称晚清"四大名臣"。

1883年，法国侵略军悍然向驻扎在北圻的我国军队发起进攻，中法战争正式开始。1884年，北宁失守，清政府调兵遣将，决定重新起用冯子材这位熟悉边情的老将。

冯子材上任几个月间，成立了9个州县的团练，其中他亲自挑选和训练的500名钦州练勇成为日后"萃军"的骨干。

同年，张之洞署理两广总督。冯子材主动上疏，要求统率1.5万军队，从钦州进入越南东北的广安、海阳，开辟陆路第三战场。张之洞很欣赏这个建议，同意他编成18营军队，准备开赴越南作战。

冯子材整装出发之际，抗法前线的形势陡然恶化。1885年2月13日，法军占领战略要地谅山；23日，法军乘势侵占镇南关，前锋深入我国境内10千米。25日，法军由于兵力不足，补给困难，炸毁镇南关城墙及附近工事，退回文渊，还在关址废墟上立一木牌，上书："广西的门户已不再存在了。"

就在这个时候，冯子材率军赶到前线，毅然担负起保卫祖国西南边疆的重任。行前，他祭别祖先，嘱托家人："万一军有不利，百粤就非我所有，要带家眷、奉香火驰归江南祖籍，永为中国民，免得受外人奴役。"

冯子材还把两个儿子带在身边，准备万一战死沙场，好料理后事。

当时前线清军的状况也确实不容乐观，老幼难民蔽江而下，关内震动。冯子材以七旬高龄，素孚众望，召集各路将领开会，劝告大家以国事为重，同心协力保卫国家。在会上他被众将公推担任前敌主帅。

2月25日，冯军进驻凭祥，预备与法军决一胜负。他分析了敌我双方情况，又亲临前线，遍勘从板山到幕府的各处山隘，最后确定以镇南关北4千米的关前隘作为预设战场。

关前隘是一个两面有高山屏障，地势、地形由北向南倾斜、收缩的山谷。冯子材命令部队在东西两岭之间构筑一道1.5千米长的土石长墙，高约2.3米，宽约1.4米，墙外挖掘1.4米宽的深堑，并在东西岭上修

■ 冯子材故居远景

筑堡垒多座，构成一个较完整的山地防御体系。

在兵力配置上，冯子材把士气高、战斗力强的"萃军"和"勤军"放在主阵地上，又在左、右两翼派了较强的兵力防止法军迂回龙州，最后以强大的预备队驻幕府、凭祥，随时准备投入反攻。

到这时，冯子材才放心地说，"我可以立于不败之地了！"

3月9日，法军一部企图绕过镇南关，经扣波进占尤封、牧马，威胁龙州。冯子材根据越南民众提供的情报，派"萃军"5营前往扣波，派苏元春和魏纲部前往牧马，阻住法军通道。

3月21日，冯子材为了打乱正在集结的法军部队进攻部署，决定诱敌入瓮，率王孝祺部出关夜袭法军前哨据点文渊，一度冲入街心，毙伤不少敌人，击毁炮台两座。清军的主动出击，使法军指挥官尼格里感到丢脸，为了捞回面子，他不待援军到齐，仓促决定提前发起攻击。

3月23日晨，法军1000余人趁大雾偷偷进入镇南关，上午10时，主力沿东岭前进，另一路顺关前隘谷地前进，企图在主力夺取大青山顶峰堡垒后，前后夹击关前隘清军阵地。

　　冯子材立即商请驻于幕府的苏元春部应援，又通知王德榜部从侧后截击敌人。他自率所部与王孝祺部坚守长墙，拼死顶住法军进攻。

　　几个小时后，法军在炮队的猛烈炮火掩护下，夺占了小青山的3座尚未完工的堡垒，威胁清军正面阵地侧翼安全。

　　冯子材激昂高呼："法军再入关，有何面目见粤民？"坚持不退。至下午4时许，苏元春、陈嘉、蒋宗汉、方友升部相继赶来，稳住了阵脚。

　　入夜，冯子材趁法军停止进攻，迅速调整了作战布置，充实了前沿阵地的兵力，还飞檄调遣驻扣波的5营"萃军"袭法军左翼。

　　3月24日晨，大雾迷茫。法军指挥官尼格里首先

■ 镇南关古城墙

派兵一部偷袭大青山顶的大堡，企图控制东岭制高点，因地形险峻难行，不得不原路退回。

上午11时，尼格里见山顶久无动静，以为偷袭成功，便以重炮猛轰长墙，掩护沿谷地推进的法军猛攻关前隘阵地。

冯子材号令全军：有进无退！待敌人接近长墙时，他大喝一声，持矛与两个儿子跃出长墙，冲入敌阵，展开白刃搏斗。全军将士也一齐大开栅门，向敌人冲去。

中午，从扣波赶来的5营"萃军"由摩沙冲进龙门关，突然出现在法军侧后。法军遭到意想不到的打击，狼狈退回谷地。

与此同时，陈嘉、蒋宗汉部反复争夺法军占领的小青山3座堡垒。傍晚，王德榜部抄袭同登，牵制法军预备队及消灭其运输队后，从关外夹击法军右侧后，配合东岭守军夺回全部堡垒。守卫西岭的王孝祺

制高点 某一局部范围内的最高点，通常引申为：作战时，在某一范围内可居高观察敌情和压制敌人火力的最高地形、地物。

关隘 也指关口，是地理位置重要的地方，依山傍水的交通要道。古代于交通要塞屯兵把守，设置关隘，一方面是为了军事防御和控制交通，另一方面也是征收关税的重要设施。

八桂山水

八桂文化特色与形态

■ 镇南关金鸡山古炮

■ 清军镇守镇南关图

部也在击退法军进攻后，包抄敌后。

到这时，法军三面受敌，伤亡惨重，后援不继，开始全线溃散，逃回文渊。

为了继续扩大战果，不给敌人以喘息之机，3月26日，冯子材率"萃军"和"勤军"出袭文渊，还通知王德榜部由小路抄袭其右翼。文渊之敌本是惊弓之鸟，与冯军战不多时，头目中弹落马，余部溃散，冯子材乘势克复文渊州。

此后，清军乘胜追击，至31日，尽复船头、郎甲以北的许多城镇。

镇南关大捷之后，冯子材从越南撤兵回国后，奉旨督办钦廉一带防务，并会办广西一带防务，重点对付法国对西南边疆的侵略。

1894年，中日甲午战争爆发，冯子材又率军北援，驻节镇江，以备调遣。冯子材在反抗外国侵略战争中立下了赫赫战功，受到当时朝野各派和人民的尊敬！

阅读链接

镇南关—谅山大捷是中法战争中的最后一次战役。年近七旬的老将冯子材，依靠高超的指挥艺术和广大爱国将士，民众的支持，粉碎了法军击溃清军主力、向龙州佯动的阴谋，政治上导致了法国内部矛盾激化，迫使茹费理内阁倒台，在近代中外历史上都产生了巨大的影响。

率黑旗军抗法名将刘永福

刘永福，字渊亭，本名义，广西钦州人。1837年出生于一个农民家庭。父亲系土生土长的博白人，后因饥荒携全家迁徙到广西防城港防城区那良古镇。父亲除务农外，靠蒸酒散卖和行船干杂活儿积攒下些微家业，勉强糊口。

刘永福彩像

刘永福天资聪颖，善于动脑筋，很小就学会了一些谋生的本领。5岁时，他就能自制钓鱼竿，到离家不远的小河里钓鱼，为自家的饭桌增添"鲜味"。

1845年，刘永福8岁时，父亲经营小生意破产，合家迁徙至广西上思州平福新圩八甲村，帮助堂兄弟种几亩薄地过活。不久，又迁柜口村，租种别人的几亩坡地。贫困的生活，使

沿海炮台

刘永福没有机会读书识字。

13岁那年，刘永福便外出做工，开始在船上当水手。做工之余，他仔细观察，非常熟悉何处水深，何处水浅，哪里行船安全，哪里行船危险，因为熟悉江河水情，15岁时被推举为带水的滩艇师。同时，他还拜一些武术高手为师，学得了一身好武艺。

刘永福16岁时，父母和叔父在贫病之中先后死去，埋葬完几位老人，刘永福已经一无所有，连住的地方都没了，只好借了一间茅屋暂时落脚。

他白天出去做工，换口饭吃，夜里回到茅屋栖身，日子过得极为穷困。

之后，刘永福靠着一身武艺，在江湖上独自闯荡，以打柴捕鱼为生。

1857年，刘永福有一天上山砍柴，累了躺在石板上午睡。睡梦中，忽然走来一位长髯老人对他说："这不是黑虎将军吗？怎么还在山林里隐伏，为什么

武术 即打拳和使用兵器的技术，又称国术或武艺，是我国传统的体育项目。武术具有极其广泛的群众基础，是我国人民在长期的社会实践中不断积累和丰富起来的一项宝贵的文化遗产，是我国民族的优秀文化遗产之一。

■ 刘永福塑像

千户 古代官名，
金朝始置，为世
袭军职。初专授
于汉人降臣，后
也用以称女真军
事组织猛安。蒙
古成吉思汗建国
后封功臣，也用
此名，又称千夫
长。元明于各路
设千户所，置千
户为长官，隶属
于万户，下领百
户。清朝于西
北、西南等少数
民族土官中置千
户一职，正五
品，管理所辖部
族及士兵。

还不出山？"

梦醒后，20岁的刘永福下定决心投军，从此开始了他曲折而颇具传奇色彩的军事生涯。

1865年，刘永福率众来到广西安德，在安德神庙祭旗建军，因为曾梦到长髯老人称他"黑虎将军"，于是刘永福仿庙中悬挂的七星黑旗为军旗，率领部下举行祭旗仪式，创建了"黑旗军"。

在军中，刘永福开始展现出杰出的军事才能。他率领的黑旗军"英勇绝伦，每阵争先"，屡战屡胜，使敌人闻风丧胆。

1867年，刘永福率黑旗军300人入越，但受到盘踞当地的白苗土霸盘文义的袭击。黑旗军火器鲜少，就设置孤枪阵即竹签陷阱伏击来犯之敌，又设计除掉了荼毒百姓的盘文义，从此声威大震，越南朝廷也授刘永福千户之职。

刘永福入越时，正值越南北部地区盗匪猖獗，残害人民。刘永福率领黑旗军与他们展开角逐，逐渐控制了安礼、高平、左大、六安、保胜等地。

黑旗军依靠"开辟山林，聚众耕牧"，自耕自养，保护百姓，使这一地区出现了"烽烟不警，鸡犬无惊"的安定局面，受到越南人民和政府的欢迎。越南国王也屡次颁发上谕嘉奖，说是"万民感激，朝廷倚若长城"。

1870年，刘永福接受冯子材送给他的蓝翎功牌数枚，木质关防一颗。黑旗军与冯军协同作战一事，为黑旗军的扩充创造了条件，许多流落越境的会党武装纷纷投奔刘永福麾下，黑旗军人数增至近2000人。

就在英法对我国发动鸦片战争的同时，法国发动了侵越战争，迫使越南政府首次签订了《西贡条约》，割让边和、嘉定、定祥三省给法国。法国先是派驻总督，确立了在越南南部湄公河三角洲的统治。

已经占领了越南南部的法国殖民者又把魔爪伸向北方，企图占领越南全境，并以越南为跳板，打通红河交通线，开辟侵略我国的新途径。

1873年9月，法国驻西贡总督杜白蕾派上尉安邺率"远征军"百余人北上，一路攻城掠镇，一月之间征服红河三角洲，11月15日占领河内城。

当此危急时刻，越南政府急忙派信使驰赴保胜，

总督 通常指一个国家的某片相对自主的区域中实际或名义上的最高行政长官。清朝时期对统辖一省或数省行政、经济及军事的长官也称为"总督"，尊称为"督宪""制台"等，总督兼管数省，同时在政务之外也兼掌军务。

■ 清代铁炮

八桂山水

八桂文化特色与形态

■ 刘永福塑像

顶戴 清代用以区别官员品级的帽饰。以红宝石为最高，依次为珊瑚、蓝宝石、青宝石、水晶、砗磲、素金、镂花阴文金顶、镂花阳文金顶。

关帝庙 为了供奉三国时期蜀国的大将关羽而兴建的。关帝庙已经成为中华传统文化的一个主要组成部分，与人们的生活息息相关，并与后人尊称的"文圣人"孔夫子齐名，被人们称为武圣关公。

请求刘永福出兵抗法。刘永福对法国殖民军抱有强烈义愤，接到邀请后，率黑旗军从驻地保胜日夜兼程，翻越宣光大岭，疾驰千里，突然出现在河内城外。

12月，在黑旗军诱使下，骄狂的法军头目安邺率数十人出城追击，在河内城西的纸桥遭到伏击，在近战肉搏中，法军大炮火枪发挥不了作用。

黑旗军将士"奋勇向前，悉力攻敌，势极猛烈"，法军抵挡不住，丢下安邺不管，一窝蜂向城内逃去。黑旗军先锋吴凤典飞快赶上，斩杀安邺，夺回河内。

这一仗，法军死伤数百名，余部龟缩在城边几个据点内，任凭黑旗军在外叫阵，再也不敢出战。于是刘永福下令扎长梯70架，准备强攻。

安邺毙命的消息传到西贡，法国殖民当局大为恐慌，提议与越南言和，并把安邺所占的河内和其他地方交还越南。

黑旗军大获全胜，越南政府为表彰刘永福的战功，任命他为"三宣副提督"，驻防宣光、山西、兴化三省，控扼法军企图入侵我国的通道红河上游。并破例铸了一颗"山西、兴化、宣光副提督英勇将军印"送给刘永福，以示尊崇。

1875年，刘永福被清政府授予四品顶戴。两年后，他又向云南捐局捐纳游击衔，并领到执照。

1882年，法国殖民者再度北侵。法交趾支那海军上校李维业集兵500余人攻陷河内，次年3月占南定，北圻形势再次严峻起来。

越南是我国的藩属国，清政府有责任帮助越南维护国内稳定和抵抗外来侵略，朝廷中很多人提出招用刘永福的黑旗军。黑旗军英勇善战，能有效地遏制和打击法军。于是清政府决定资助刘永福抗法，使黑旗军在中法战争正式爆发前成为抗法的主力。

5月初，刘永福再次接受了越南政府的请求，率黑旗军2500余人迅速南下。5月10日，抵达河内郊外，誓师抗法。

这时，刘永福看到河内壁固沟深，城外洋楼与江面兵舰相倚为守，而黑旗军枪不足1000支，其中300余支还是火绳土枪，绝大多数人仍然手持刀矛，围城和攻坚都难以收效，于是决定诱敌出城，利用野外有利地势，发挥黑旗军近战肉搏的特长，遏制法军枪炮的火力优势。

5月19日凌晨，黄佐炎亲兵送来密报：河内城里法军准备黎明倾城出战。刘永福大喜，即命先锋营杨著恩部署在河内城外东北纸桥小镇据守。该镇房屋、街巷繁密，容易隐蔽、防守。

果然，法军倾巢而来。杨著恩的指挥所设在关帝庙，一队守庙中、

■ 清代上朝图

一队守庙后、一队在大路上诱敌，边打边撤退到预定的伏击点。并将苏木水和猪血，在伪装败退时浑身涂满，横七竖八倒下或伏或卧。

待法军将近，突然指挥所发出响炮三声，黑旗军的勇士一跃而起，勇猛冲杀，法军死伤惨重。

交趾支那海军舰队司令李威利、副司令韦医慌作一团，李威利被一枪击中肩膀，应声倒下。再中两枪仍想挣扎逃跑，又被再补一刀，跪地嚎叫而死。

韦医和几个骑兵正想转向而逃，在刀光闪闪中应声落马，魂断纸桥。刘永福率领的黑旗军激战了3个小时，全歼法军，其中军官30多人，一举创下以少胜多，以弱胜强的战例，再次沉重打击了法国殖民主义者的嚣张气焰，大大鼓舞了中越两国人民的斗志。

法军残部逃回河内死守，人人惊恐万状，一夜间几次炸营，惊呼黑旗军前来袭击。这就是震惊中外的"纸桥大捷"。

消息传到我国国内，人心振奋。越南阮氏朝廷封刘永福为三宣提督，加封一等义良男爵。

阅读链接

刘永福故居名"三宣堂"，位于钦州市板桂街10号。建于1891年。是钦州市现存最宏伟、最完整的清代建筑群。

占地面积22700多平方米，建筑面积5600多平方米，大小楼房119间。除主座外，有头门、二门、仓库、书房、伙房、佣人房、马房等一批附属建筑以及戏台、花园、菜圃、鱼塘、晒场等设施。头门临江向东，有醒目的"三宣堂"大字匾额。

刘永福当年援越抗法有功，被越王封为"三宣提督"，主管越南宣光、兴化、山西三省军事。

"三宣堂"的命名是为了纪念这段光荣历史。门两边的对联是"枝栖古越；派衍彭城"。

岭南撷英

八桂文化是以广西民族文化为主要内容，以内涵丰富、久远神奇为特色，以本土性和兼容性和谐统一为表征，以鲜明的岭南山水品格为个性的地域性较强、影响力较大的优秀传统文化。

千百年来，勤劳智慧的广西人民在这神奇美丽的土地上，创造了无数光辉灿烂的艺术瑰宝，如著名的壮锦、花山壁画、绣球和娃崽背带等。

这些珍贵的艺术瑰宝为古老的八桂文化增添了几分色彩，也是我国民族文化的重要组成部分。

四大名锦之一的壮锦

壮锦，与云锦、蜀锦、宋锦并称我国四大名锦，据传起源于宋代，是广西民族文化瑰宝，是广西尤其是壮族地区一项最具代表性的民族手工艺品，主要产地为广西靖西、忻城、宾阳等县。

历经千余年发展的壮锦有自成体系的三大种类、20多个品种和50多种图案，以结实耐用、技艺精巧、图案别致、花纹精美著称，既是精美的工艺品，又具有很高的实用价值。

■ 黎族男子帽子

作为工艺美术织品，壮锦是八桂人民最精彩的文化创造之一，其历史非常悠久。关于美丽的壮锦，还有一个动人的故事：

相传，在古时候，住在大山脚下的一位壮族老

■ 黎族织锦

妈妈，与三个儿子相依为命。

老妈妈是一位手艺精湛的织工。她织出了一幅壮锦，上面有房屋，有花园，有田地、果园、菜园和鱼塘，还有鸡鸭牛羊。

一天，一阵大风，把壮锦卷向东方的天边去了，原来是那里的一群仙女拿壮锦做样子去了。

老妈妈先后派出了两个年龄稍长的儿子出发去寻找壮锦，但他们都畏惧路途艰辛，拿着钱到城里享福去了。后来，老妈妈的三儿子在大石马的帮助下，越过火山和大海，找到了红衣仙女，让她还回壮锦。

红衣仙女说什么也不肯，有一天她正拿着老妈妈的壮锦样子在织锦，老三趁机拿走了自己家的壮锦，骑马回到老妈妈的身边。

老三回到家中，壮锦在阳光下渐渐地伸展，变成

云锦、蜀锦、宋锦 "云锦"是南京传统提花丝织物的总称，以其华贵，多彩灿烂，变换如云霞而得名；"蜀锦"是指汉代至三国蜀郡所织造的锦，大多以经向彩条为基础起彩，并彩条添花；"宋锦"有两种含义：一是指宋代由官府锦院主持生产的织锦，二是指明、清时期由苏州织造府主持生产的宋式锦。

黎锦工艺品

了美丽的家园。但是，让老三没想到的是，仙女实在是太喜欢老妈妈的壮锦了，便偷偷在壮锦上绣下了自己的像，被老三带回家中。于是老三就跟她结为夫妻，过上了幸福生活……

早在汉代，广西就已有织锦技艺。聪明智慧的广西人民，充分利用植物的纤维，织制出葛布、络布作为衣料，这种布料，"细者宜暑，柔熟者御寒"。

到了唐代，据《唐六曲》和《元和郡县志》记载说：当时广西人民所织出的蕉布、竹子布、吉贝布、班布、都洛布、麻布、丝布、食单、葛布9种布料，已被朝廷列为贡品。

唐人张籍的《白纻歌》称赞白苎布说："皎皎白苎白且鲜，将作春衣称少年"。意思说人们穿着白苎布缝制的衣服好像年轻多了。

尽管此时的织锦技艺已经取得了朝廷的好评，但真正能够称为"锦"的纺织品则出现于宋代。这一时期，壮族的纺织业进一步发展，除普通的布帛以外，还出现了丝、麻、丝棉交织的锦。

据说宋代有一名叫达尼妹的壮族姑娘，看到蜘蛛网上的露珠在阳光照耀下闪烁着异彩，从中得到启示，便用五光十色的丝线为纬，原色细纱为经，精心纺织而成。从此就产生了瑰丽的壮锦。

据南宋诗人范成大的《桂海虞衡志》记载，壮锦当时出产于广西左右江，称"獠布"。南宋地理学家周去非也在《岭外代答》中说，绒布"白质方纹，广幅大缕，似中都之线罗，而佳丽厚重，诚南方之

八桂文化特色与形态

上服也"。

　　所谓"白质方纹"，就是指当时生产的壮锦，装饰花纹为方格几何纹，色调为单色。这便是最早的壮锦了，此时，它已经具备了"厚重"和织有方格纹图案等基本特征。

　　到了明代，壮锦越来越流行，工艺也越来越精湛。明代万历年间，织有龙、凤等花纹图案的壮锦已成为朝廷的贡品。

　　明清时期，壮锦已发展到用多种色彩的绒线编织，使壮锦呈现出绚丽的色彩，虽仍为皇室贡品，但平民百姓亦可享用。

　　传统的壮锦以棉、麻线做地经、地纬平纹交织，用粗而无拈的真丝做彩纬织起花，在织物正反面形成对称花纹，并将地组织完全覆盖，增加织物厚度。其色彩对比强烈，纹样多为菱形几何图案，结构严谨而富于变化，具有浓艳粗犷的艺术风格。

　　壮族民间织锦品种有被面、床毯、背带、挂包、

张籍 唐代诗人。字文昌，先世移居和州，遂为和州乌江人。世称"张水部""张司业"。张籍的乐府诗与王建齐名，并称为"张王乐府"。其著名诗篇主要有《塞下曲》《征妇怨》《采莲曲》《江南曲》。

范成大 字致能，号石湖居士。南宋诗人。从江西派入手，后学习中、晚唐诗，继承了白居易、王建、张籍等诗人新乐府的现实主义精神，终于自成一家。与杨万里、陆游、尤袤合称南宋"中兴四大诗人"。

■ 黎族织锦

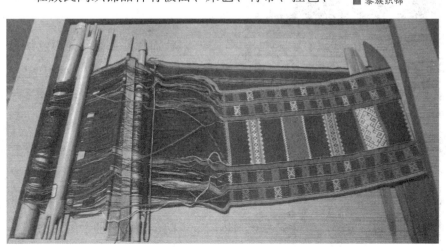

平纹 一种纺织的组织形式，与之相对的有斜纹。平纹组织的经纱和纬纱以一上一下的规律交织，所以交织点最多，纱线屈曲点最多，使织物坚牢、耐磨、硬挺、平整，但弹性较小，光泽一般，平纹织物密度不可能太高，较为轻薄，耐磨性和透气性较好。

台布、围裙、头巾、衣服边角饰等。它们与其他民族的织锦品的形成具有不同的特点。

首先，壮族人民在长期的劳动中琢磨出了一整套壮锦织造技术。他们使用的是装有支撑系统、传动装置、分综装置和提花装置的手工织机，以棉纱为经，以各种彩色丝绒为纬，采用通经断纬的方法巧妙交织而成的。

使用的传统小木机，又称竹笼机，机上设有"花笼"用以提织花纹图案，用花笼起花为壮锦织机的最大特点。

其次，壮锦艺人对壮锦的配色也有一些特别的要求，既要艳丽夺目，还要经久耐看。

壮族人多喜爱重彩，以红、黄、蓝、绿为基本色，其余是补色，对比鲜明强烈，以红为背景，充满热烈、活跃、欢腾的气氛；用绿作烘托，有开朗的情调；如以黄绿配置，则艳丽动人。

一幅壮锦，常常用几种颜色甚至是十几种颜色搭配组成，由于配置得当，显得斑斓绚丽，丰富统一。对比和谐，古艳深厚，华而不俗。

壮锦色彩运用的特点是以少见多，纯朴中见丰富，素雅中见多彩，对比鲜明强烈。显示八桂人民热情、爽朗、勇敢、朴素的性格。

■ 黎锦服装

最后，壮锦图案构成的式样大致有3种：

一是平纹上织二方连续和四方连续的几何纹，组成连绵的几何图案，显得朴素而明快。

二是以各种几何纹为底，上饰动植物图案，形成多层次的复合图形，图案清晰而有浮雕感。

三是用多种几何纹大小结合，方圆穿插，编织成繁密而富于韵律感的复合几何图案，有严谨和谐之美。

壮族妇女织布蜡像

壮锦传统图案有数10种之多，大都选取生活中的可见之物和象征吉祥幸福的花纹，尤以几何纹为多。

常见的有方格纹、水波纹、云纹、回字纹、编织纹、同心圆纹以及各种花草和动物图像，如蝶恋花、凤穿牡丹、双龙戏珠、狮子滚绣球、鲤鱼跳龙门等。

凤的图案在壮锦中独占鳌头，"十件壮锦九件凤，活似凤从锦中出"，这是由于壮族喜爱凤凰，视之为吉祥的象征缘故。

阅读链接

壮锦丰富而精彩的纹样，充分反映了广西人民淳朴健康的审美情趣，同时也反映了他们对生活、大自然和民族文化的热爱和崇敬。

这种利用棉线或丝线编织而成的精美工艺品，图案生动，结构严谨，色彩斑斓，充满热烈、开朗的民族格调，体现了壮族人民对美好生活的追求与向往。

甲于天下的桂林山水

桂林，位于广西东北部，自从南宋人王正功有诗云："桂林山水甲天下，玉碧罗青意可参。"发出"甲天下"的千古绝唱以来，"甲天下"便成为了桂林山水、广西山水的代名词。

■桂林伏波山

■ 桂林象鼻山风景

山水如画的桂林地处漓江西岸，以盛产桂花、桂树成林而得名。桂林山水包括山、水、石刻等。

这里的山，平地拔起，千姿百态；漓江的水，蜿蜒曲折，明洁如镜；山多有洞，洞幽景奇；洞中怪石，鬼斧神工，琳琅满目，于是形成了"山清、水秀、洞奇、石美"的桂林"四绝"。

桂林处处皆胜景，漓江山水堪称其中的典范。漓江风光尤以桂林阳朔为最，"桂林山水甲天下，阳朔山水甲桂林；群峰倒影山浮水，无山无水不入神"，高度概括了阳朔自然风光的美。

如果说北方的山是豪迈、厚重的，那么桂林的山则显得妩媚、秀美。玉女峰亭亭玉立，巧梳云鬓；望夫崖凝神远眺，深情守候；赶考的书童，跳龙门的鲤鱼，盘旋的田螺，绿洲的骆驼，形态各异，变化万千，令人目不暇接。

王正功 一生以为官正直清廉而得名，不惧得罪权贵，为官几十年，也颇有政绩。1201年，王正功以地方官身份，宴请桂林中举的学子，一句"桂林山水甲天下"千古绝唱，使其跻身文化名人之列。

■ 广西桂林园林景观

陆游 字务观，号放翁，南宋诗人。少时受家庭爱国思想熏陶，一生创作诗歌很多，存世9000多首，内容极为丰富。抒发政治抱负，反映人民疾苦，批判当时统治集团的屈辱投降，风格雄浑豪放，表现出渴望恢复国家统一的强烈爱国热情。

象鼻山位于桂林东南漓江右岸，山因酷似一只大象站在江边伸鼻吸水，因此得名，是桂林的象征。

由山西拾级而上，可达象背。山上有象眼岩，左右对穿酷似大象的一对眼睛，由右眼下行数十级到南极洞，洞壁刻"南极洞天"4字。

再上行数十步到水月洞，高1米，深2米，形似半月，洞映入水，恰如满月，到了夜间明月初升，象山水月，景色秀丽无比。

宋代有位叫蓟北处士的游客，以《水月》为题，写下这样的绝句：

> 水底有明月，水上明月浮。
> 水流月不去，月去水还流。

象鼻山有历代石刻50余处，多刻在水月洞内外崖壁上，其中著名的有南宋张孝祥的《朝阳亭记》、范成大的《复水月洞铭》和陆游的《诗礼》。

沿石级而上，直通山顶，即见一座古老的砖塔矗立山头。远看，它好像插在象背上的一把剑柄，又像一个古雅的宝瓶，所以有"剑柄塔""宝瓶塔"之称。此塔建于明代，高13米，须弥座为双层八角形，雕有普贤菩萨像，因名"普贤塔"。

龙胜县东南部和平乡境内，有一个规模宏大的梯田群，如链似带，从山脚盘绕到山顶，小山如螺，大山似塔，层层叠叠，高低错落。其线条行云流水，潇洒柔畅；其规模磅礴壮观，气势恢宏，有"梯田世界之冠"的美誉，这就是龙脊梯田。

龙脊梯田面积共66平方千米，梯田分布在海拔300至1100米之间，坡度大多在26至35度之间，最大坡度达50度。虽然南国山区处处有梯田，可是像龙脊梯田这样规模的实属罕见。

龙脊梯田始建于元朝，完工于清初，龙脊开山造田的祖先们当初没有想到，他们用血汗和生命开出来的梯田，竟变成了如此妩媚潇洒

■广西桂林龙脊梯田

■ *广西黄姚古镇全景*

的曲线世界。

在漫长的岁月中，人们在大自然中求生存的坚强意志，在认识自然和建设家园中所表现的智慧和力量，在这里被充分地体现出来。

猫儿山处于桂林"金三角"的中央，主峰海拔2.1千米，号称"华南第一峰"，是漓江、浔江、资江发源地，是桂林漓江山水的"命根子"。

华南绝顶、穿仙洞、通天道、华南虎、猫岳佛光、睡美人、铁杉荟萃、漓江源、杜鹃花廊、龙潭、十里大峡谷、剑崖大瀑布等是猫儿山的代表景点。

八角寨分布范围80多平方千米，其发育丰富程度及品位之高，世所罕见，被誉为"丹霞之魂""世界丹霞奇观"。整合八角寨景区有"降龙岩""群螺观天""龙头香""龙脊天梯""幽谷栈道"等130多处，完全出自于大自然的鬼斧神工。

丹霞地貌 是指由红色碎屑岩受垂直或高角度节理切割，并在差异风化、重力崩塌、流水溶蚀、风力侵蚀等综合作用下形成的有陡崖的城堡状、宝塔状、针状、柱状、棒状、方山状或峰林状的地形。

八角寨又名云台山，主峰海拔800多米，因主峰有8个翘角而得名，丹霞地貌分布范围40多平方千米，其山势集"泰山之雄、华山之陡、峨眉之秀"于一体。八角寨东、西、南三面均为悬崖绝壁，只有沿着西南坡的一条古老、陡峻崎岖的曲径可登山顶。登斯山顶，方晓天地之博大，悟人生之真谛。

这里的眼睛石完全出自大自然的鬼斧神工，栩栩如生，形神毕肖，令游者和文人骚客浮想翩翩，遐思泉涌。云台山八角，险、峻、雄、奇、秀、幽自然结合，似鬼斧神工凿就。

其一角名叫"龙头香"，横空出世，宛若巨龙昂首欲飞、上接苍穹，下临深渊，山势雄伟险峻，堪称一绝。

山顶有一个3000多平方米的平台，宋元时代，始建天心寺，僧侣众多，香火鼎盛，各地香客朝佛览胜，络绎不绝。

另外，群螺竞跑、龙脊岭、慧眼含情、降龙庵栈道、人字天龙宫、鲸鱼闹海、万佛朝宗、龙头香天险、仙人下棋等，令人叹为观止。

芦笛岩洞穴位于桂林西北桃花江右岸的茅茅头山即光明山南侧，因常有野猫和小兽出没而被称为"野猫岩"。后来又因洞口附近丛生

■ 八角寨丹霞地貌

桂林独秀峰

芦荻草，用此草做成笛子，吹起来音色柔美，如袅袅仙乐，犹如山洞流水，于是人们就把洞名改为"芦笛岩"。

独秀峰位于桂林中心，群峰环列，为万山之尊。南朝文学家颜延之咏独秀峰的诗"未若独秀者，峨峨郭邑间"是最早的桂林山水诗歌。其峰顶是观赏桂林全城景色的最好去处，自古以来为名士所向往。

登306级石阶可至独秀峰顶，上有独秀亭。明代大旅行家徐霞客在桂林旅游一月有余，却因未能登上此峰而遗憾。

天门山方圆10平方千米，山形隽秀，岩壑多奇，源于典型的丹霞地貌。其三十八岩、十九洞、二潭、六泉、八石等构成"百卉谷"。

汇天下本草于一地的百药谷，药香盈溢。主峰"三娘石"宛如一柱擎天，"天门壁画""天脊""一线天""忘忧泉""桃花岛""天门古寺"等20多处佳景，汇聚成仙山琼阁之境。

阅读链接

关于八桂山水文化的丰富内涵：

一是名山溶洞文化，包括花山、象鼻山、独秀峰、西山、八角寨山、七星岩、伊岭岩、勾漏洞、青秀山等。

二是天坑峡谷文化，包括全国最大的乐业县天坑群、靖西县通灵大峡谷和武宣县百崖大峡谷等。

三是石刻文化，尤其以桂海碑林最为著名。

四是奇石文化，包括柳州石、合山石、天峨石等。

长在悬崖上的花山壁画

　　花山壁画位于广西南宁西南部的宁明、龙州两县境内，以古代壮族的大批山崖壁画为主要景观，分布于2800多平方千米范围之内，大壁画有64处，集中在宁明县驮龙镇的花山和宁明县明江镇两处。

　　因宁明县的花山崖壁画的画幅最大，人物画像最多，内容也最复

■花山岩画全景

■ 花山岩画近景

水神 在我国古文化的神话中，水神是传承最广、影响最大的神。其中最著名的应当属共工，为西北的洪水之神，传说他与黄帝族的颛顼发生一场战争，不胜，怒而头触不周山，使天地为之倾斜。此外还有一说，谓共工是尧的大臣，后被尧流放于幽州。

杂，是各地崖壁画的代表作。所以，人们把左江流域各县的崖壁画统称为花山壁画。

据记载，花山崖壁画已有2000年以上的历史。花山崖壁画的创作年代，为春秋战国时期，壁画所体现的社会内容，有人说是骆越人庆祝丰收，还有人说是古人祭祀水神，众说纷纭，莫衷一是。总之，历经百世仍然是一个谜。

花山壁画作为世界同类岩画中单位面积最大、画面最集中、保存最完好的一处岩画，被誉为是我国稻作文化的最大标志、壮族文化瑰宝和世界岩画的极品，关于壁画的来历，有这样一段动人的故事：

相传，在古时候，有一个穷人，他到花山上去砍柴，不小心，柴刀脱手掉地，砍柴人伸手去捡。

可是，当他的手快抓到刀的时候，刀就像自己会跳似的往下掉一节，砍柴人老是抓不着刀。一直跟着刀下到了明江边的石岩，忽然听到山岩边的一个山洞里传出来一阵锣鼓声。他悄悄爬近洞口一看，哎哟！

岩洞里是一个神奇的世界：洞壁上金光闪闪，洞顶上珠宝闪烁，像千万个水晶吊灯，洞的周围金钗、银镯、项链、耳环、粮食、衣物样样都有。

勇士们正在洞中操练、唱歌跳舞，各种乐器在为他们伴奏，非常热闹，把砍柴人都看呆了。

后来，洞里的勇士发现洞口有生人偷看，就出来问："你来这里干什么？"

砍柴人把事情经过告诉勇士。勇士就问他："你想要点什么呢？想要什么你自己到洞里去挑选吧！"

砍柴人说："我不想要什么好东西，我只想要一把柴刀和几斤米。"

另一个勇士说："好吧，你自己进去拿吧！我们在这里练武也是为了保护穷人，以后你缺什么，就大胆来拿吧！"

砍柴人进到洞里，见到金银财宝到处都是，但是他一点也不拿，只拿了一把柴刀和几斤米就出来了。

砍柴人回去后把这件事给穷兄弟们一说，大家高兴极了。

以后，花山附近的穷人遇到了什么困难，就到洞里去请勇士们帮忙。青年们串亲或赶街没有衣服就到洞里去借。姑娘赶歌圩没有耳

水晶 水晶文化在我国历史悠久，古人曾赋予它一串极富美感的雅称：水玉、水精、水碧等。古代人称水晶为水玉，那是因古人看重"其莹如水，其坚如玉"的质地。像水晶拥有这么多的别称，实不多见。

093

守护之魂

岭南撷英

■ 广西宁明县耀达乡花山岩画

环、项链儿也到洞里去借。他们都严格遵守一条规矩：借了东西，用后就还。

谁知这个秘密后来被一个财主知道了。他也装作穷人到洞里去借东西，可是他光借不还。

一天，财主又到洞里借东西。当他走到洞口时，洞口就关闭起来了。财主怀恨在心，就告诉官家说："花山岩洞里有人要谋反。"

官家得到消息，马上派了大批兵马来攻打花山，花山洞里的勇士们知道了，都带着刀枪走出山洞。

开战那天，勇士们威风凛凛地在花山前的沙滩上摆开了阵势。

不一会，官兵蜂拥而来，勇士们上前迎战，顿时刀光闪闪，杀声震天。勇士们在铜鼓声助威下，越杀越勇，把官兵打得落花流水。

官兵被打败了，勇士们和百姓说不出的高兴。第二天，他们就在花山前的沙滩上开祝捷大会。会上，大家尽情地欢乐和狂舞。说来也奇怪，这个热烈的场面，被江水映到山岩上，便永远留在那里了，后来便成了花山壁画。

花山整座峭崖画满了各种呈土红色的人像和物像共3100余幅。人像最大的高达3米，

■ 广西宁明祭祀舞蹈岩画

■ 花山岩画

最小的只有0.3米。这些崖壁画，或三五为组，或千百为群，多画在下临深渊、上难攀援的河道拐弯绝壁之上。

这些画像全是用赭红色单线色勒，线条粗犷，形象传神。人像中有正面和侧面两种姿势。正面人像两手高举、两脚叉开成立马式。侧面人像两手平伸、两腿微蹲成跳跃式，既像练兵习武，又如狂舞欢歌。正画人像中有佩刀剑的，有戴桂冠的，是这些人物中的头人或指挥者。其周围都有一群"小人物"朝着他，组成了一幅幅神情各异的画面。

阅读链接

花山崖壁画不愧是八桂大地的艺术瑰宝。它那古朴粗犷的笔法和风格，那栩栩如生呼之欲出的人物神态，体现了古代壮族人民的审美情趣和高超的艺术水准。

左江花山崖壁画就其分布之广，作画地点之陡峭，画面之雄伟壮观，作画条件之艰险，都是国内外所罕见，在世界美术史上应享有崇高的地位。

注重装饰的八桂建筑

　　八桂建筑文化，尤其以居民、古炮台、古阁、鼓楼、风雨桥和骑楼最为典型，堪称为八桂建筑"六绝"。广西建筑十分讲究山与水的自然和谐，蕴含山水映带的情趣。

■ 广西村寨风光

其中以木楼为主的壮族民居最具特色。壮族在长期的生活实践中，习惯于聚族而居，自成村落。他们居住的地方常常选择在依山傍水的坡地上，前方和左右两边还喜欢留出开阔平缓的田地。

他们居住的房屋朝向依地势不同而异，或坐西向东，或坐北向南，等等，但忌大门朝北。

他们的建筑工艺和风格，注重装饰，制作精美，木质构件用料考究，在我国民居建筑上有自己的特色。

■ 壮族山寨

同时，在房内布局上，壮族人有一套不能违背的布局方式，在建好房后，还有一套别具特色的迁居风俗，这些特色都是非常有趣的。

壮族人称屋为"干栏"，干栏，也叫木楼或者吊脚楼。壮、侗、瑶、苗、汉各民族都有，多为两层或者三层，住房的主要形式，有全栏式、半栏式和平房3种。

全干栏房属全楼居式，上层住人，下层养牲畜和存放农具，是传统的住房形式。这种居俗，主要是为了防猛兽和防盗贼偷盗牲畜，但由于楼下圈养牲畜，臭气上升，很不卫生。因此，后来已逐渐改变成人畜分居的平房或楼房式建筑。

半栏房以一开间为楼房，楼上住人，楼下放牛

骑楼 一种商住建筑，骑楼这个名字描述的是它沿街部分的建筑形态，其二层以上出挑至街道红线处，用立柱支撑，形成内部的人行道，立面形态上建筑骑跨人行道，因而取名骑楼。

八桂山水

八桂文化特色与形态

■ 壮族风雨桥

火塘 又叫"火坑"，也有的地方称"火铺"。是在房内用土铺成的一米见方的土地。以前，火塘里立有三块石头，以备烧火煮饭之用。后来，都改用铁三脚架。主火塘里终年烟火缭绕，白天煮饭，晚上烤火取暖。在许多少数民族中，火塘是生活中非常重要的一部分，每年都要进行火塘祭祀，祈求家人安泰。

羊、农具等，另一间为平房。平房多为三开间。

广西等地壮族木楼一般都是竹木结构的瓦房或茅草房，三间宽，三层高。

一楼壮话叫"腊梁"，养猪、牛、羊和鸡等牲畜。二楼叫"艮兰"，铺木板，分厅、间。房子正中间的屋檐下，用石梯砌至二楼，石梯约1米宽，通常是7级或9级，每一块石梯都是请石匠精工制作，也有的两翼走廊直接用木梯搭上二三楼。

二楼的两边厢房住人，中间以中轴为线隔开，留门，前边叫"中堂"，"中堂"即为"客厅"。"中堂"后为生活区。屋内的生活以火塘为中心，每日三餐都在火塘边进行。"中堂"上方做个小"吉楼"，专门安放"神龛"，是祖宗们的世界。

三楼叫"艮角"，一般都是放粮食和杂物。人口多的家庭，二楼住不下了，也住三楼。住三楼的大多都是未娶的小伙子和未出阁的姑娘。

木楼的四周围，多用竹片、木板镶拼为墙，人住在二楼，可谓"六面透风"。

广西壮族木楼居室格局，各族自有特点。如广西龙胜县龙脊乡壮族干栏，以神龛为中心，神龛后面，居中是家公住房，以女主人为中心，左角是公婆住房，有小门与家公房相通。主妇房在右角，丈夫房在厅堂右侧外。客房在前庭左角，姑娘房在右角楼梯旁，便于她们与小伙子们交往。

这种布局的最大特点，那就是夫妻异室，这主要是沿袭了古俗。后世的干栏内部结构略有变化，但基本格局不变。

广西地区壮族木楼的背面，一般都是倚山而卧，为的是方便立灶生火做饭。后门往往就是"开门上山"。若在平地起的木楼，立灶生火做饭的地方，就用石头从平地彻起一个与二楼一样高的正方形，中间填上土。这工程量比较大，花费也高。

神龛 是放置神仙的塑像和祖宗灵牌的小阁。神龛大小规格不一，依祠庙厅堂宽狭和神的多少而定。大的神龛均有底座，上置龛。神像龛与祖宗龛形制有别：神像龛为开放式，有垂帘，无龛门；祖宗龛无垂帘，有龛门。

■ 壮族特色的民宅

广西木楼的主柱，由直径0.25米以上的大木头组成，底下都要垫上石墩，石墩上圆下方，约高0.6米，宽16厘米，都是请石匠精工凿好大小相同的精品。

石墩方形的那半埋在地下，圆的那半露在地上。把木柱安放在石墩上，不碰土，既可以防白蚁，又可以保数十年不腐烂。

他们习惯于从山脚开始，一栋靠一栋地往山坡上建起木楼，形成梯形木楼群；或将若干个木楼排为两行，中间留一条通道，两端有围墙和大院门，形成一个长方形的院落。

八桂地区的建筑还有祠堂、庙宇、功德桥和风雨亭等，不过祠堂和庙宇规格属于汉族建筑格局，没有多少民族特色。但也有的祠堂建成塔形，却是别处少见的。

功德桥又称善心桥，供老年人或中年体弱多病者使用。这些桥一般是壮族人捐资修建，多建在村外行人必经的溪沟上，用木料或石板架桥，以方便人畜行走。壮族人认为这是行善事以积功德，可消灾祛病，健康长寿。

■ 广西风雨桥

风雨亭是桂北及桂西北地区的壮族民间传统建筑，又称立寿亭、添寿亭、功德亭。

壮族人认为，人生在世，多做好事积功德，可祛病消灾，避凶趋吉，延年益寿。因而流行在乡间路边或山坳上修建寿亭，供行人歇凉避雨。

在建风雨亭前，须选择人们经常来往的路中，尤其是远离村寨的岔口要道，选用好木料、瓦片或茅草，择日动工，请儿子、女婿和亲友协同建筑。

亭内设石凳或木凳，亭旁种花树、有的还挖有水井，供行人休息饮用。

风雨亭完工，要在亭内杀猪放鞭炮，庆贺落成。兄弟亲友欢饮唱歌，祝愿行人平安，老人健康长寿。

八桂地区村寨中的桥和亭的修建，既代表着人们对长辈的尊重和爱戴，又可为人们提供方便，是一种有意义的社会福利事业，它们是传统美德和善良愿望的象征。

阅读链接

八桂地区的人家修好新居后，认为乔迁之喜是人生中最重要的事，在乔迁的这天，他们会请上很多亲朋好友，大加庆贺一番。首先，要庄重地把神龛、牌位、香炉迁到新居，杀猪宰鸡祭祖，并请做法事的师傅诵经念咒。

法事现场庄重而又热烈，充满了他们对未来的憧憬和期待。之后，亲友要和主人一一喝交杯酒，祝贺主家人丁安泰，六畜兴旺，百事顺利。

客人当中的歌手和歌师，在一片祝贺声中，向主人敬献《贺新居歌》，这祝福歌声，把贺新居仪式推到高潮，随着歌声的结束，宣告着一幢崭新的干栏又在八桂的山村里出现了。

色彩鲜明的民族服饰

　　广西世代居住有汉、瑶、苗、京等12个民族，多姿多彩的民族服装构成了五彩斑斓的八桂民族服饰文化。其中以壮族、瑶族、苗族和京族的服饰最具有代表性。尤其壮族民族服饰各有特点，不同地域、不同板块的壮族服饰，构成多元一体的壮族服饰。

■ 壮族茶祭

壮族服饰，与古越人、西瓯、骆越人、僚人有关。主要有蓝、黑、棕3种颜色。在清朝末年以前，壮族穿的衣服，都是自纺、自织、自缝制的。

壮族妇女有植棉纺纱的习惯，纺纱、织布、染布是一项家庭手工业。用自种自纺的棉纱织出来的布称为"家机"，精厚，质实，耐磨，然后染成蓝、黑或棕色。用一种植物大青，可染成蓝或青色布，用薯莨可染成棕色布。

壮族的男女皆以穿黎桶为主，服装款式以蓝黑色衣裙、衣裤式短装为主，但是男、女服饰又各具自己的特色。

在清朝以前，壮族男子穿的上衣，是黑布对襟衣，圆领阔袖c，两襟扣子7至9个，扣子用黑布织成，穿时，将两襟的扣子扣起来。男子穿的裤子也是黑布，裤口宽大。

成年尤其是老人，头包长四五尺的黑巾，或用一块黑长方形的布合缝，上端打折，顶开圆孔，戴于头上。平时，一般打赤脚，只有过年过节，喜庆日子，走访亲友，才穿上土布鞋或龙凤鞋。

壮族男装有右襟与对襟两种，右襟衫反膊无领，衣纽从右腋下开至腰部又转向正中，再开出三四寸而止，衣襟镶嵌一寸多宽的色布边，用铜扣纽，再束上长腰带；对襟开胸，长仅及脐的紧身衫，这是在劳作时穿着的。

守护之魂 岭南撷英

■ 壮族服饰

瑶族 我国的少数民族之一。瑶族祖先为盘古，因其生产方式、居住、服饰和经济生活、风俗习惯等方面的差异，又有"盘瑶""山子瑶""顶板瑶""花篮瑶""过山瑶""白裤瑶""红瑶""蓝靛瑶""八排瑶""平地瑶""坳瑶"等称谓之别。

■ 壮族居住区景观

唐装 我国的一种服饰，字面意思是唐人的服装，即华人的服装。后多指类似满族马褂而吸收西式裁剪的服装。真正的"唐装"是以汉服为主，特征是交领、右衽、系带、无扣。而后世"唐装"是从清朝时期的满族服饰马褂发展而来，特点是立领、对襟、盘扣，并吸收了一些西式裁剪的特点，如在肩膀部接袖等。

壮族妇女的服饰端庄得体，朴素大方。在清朝以前，壮族女子的服装与男子相比显得多彩一些。她们上身穿的是大襟蓝色衣，领窝至右腋下的衣襟、两袖，均绣大花边，衣领矮，露颈部。

下身穿的是长至脚踝的长褶裙，或镶有花边的宽裤子。裙子外面，正两腿心处，各绣一条垂直对称的大花边。在臀部处打几个褶，臀部下的裙脚卷起一寸左右，两边以几针缝住，形成后裙脚弓形翘起。从前面看是桶裙，背后看是褶裙，上下衣裙贴身，线条分外明朗，十分雅观。脚蹬圆口绣花鞋。

到明末清初以后，女子改穿宽阔的唐装衣裤，腰间正面扎齐脚踝的半边围裙。围裙上头以两条印花布带系结于背后，并以两端各约0.6米做飘带。

她们一般的服饰是一身蓝黑，裤脚稍宽，头上包着彩色印花或提花毛巾，腰间系着精致的围裙。上衣着藏青或深蓝色短领右衽偏襟上衣，有的在颈口、袖口、襟底均绣有彩色花边，分为对襟和偏襟两种，有无领和有领之别。有一暗兜藏于腹前襟内，随襟边缝数对布结纽扣。

壮族妇女普遍喜好戴耳环、手镯和项圈。服装花色和佩戴的小饰物，各地不同。上衣的长短有两个流派，大多数地区是短及腰的，少数地区上衣长及膝。

壮族服饰男女衫的纽扣为铜纽或布纽。男女裤子式样基本相同，裤脚有绲边，俗称"牛头裤"。已婚妇女有绲花边的肚兜，腰裤左边悬挂一个穗形筒，与锁匙连在一起，走动时发出"沙啦沙啦"的响声。

男子礼服是长袍，外面套上一件短褂，通称"长衫配马褂"，起先是头戴顶圆帽，后来改戴礼帽。

壮族妇女擅长纺织和刺绣，她们所织的壮布和壮锦，均以图案精美著称，还有风格别致的"蜡染"也为人们所称道，所以壮族女子衣服是多姿多彩的。

壮族还特别喜欢在鞋、帽、胸兜上用五色丝线绣

蜡染 我国古老的民间传统纺织印染手工艺，古称蜡，它与绞缬、夹缬并称为我国古代三大印花技艺。由于蜡染的图案较丰富，色调素雅，风格独特，用于制作服装服饰和各种生活实用品，显得朴实大方、清新悦目，富有民族特色。

■ 壮族风情

壮族服饰

上花纹，人物、鸟兽、花卉等，这些饰物五花八门，色彩斑斓，异常夺人眼目。此外，壮族服装装饰还包括发式、头饰、银饰、凿齿、文身和花鞋等几个方面。

壮族妇女发式因地而异。广西龙胜一带的老年妇女不结髻，把长发翻过头顶打旋，然后用1.4米的黑布包好；青年女子头顶留长发，四周剪成披衽，顶心长发翻到前额，扎以白布，插上银梳；小孩头发则先剃光，戴上外婆送的银饰帽，长大才留顶心发。

壮族男女不同的历史时期有不同的发型。从广西花山崖画上可见早期壮族男子是剪短头发的。崖画上有少量男子头上插有两支迎风舞动的羽翎。画上有为数不多的少女留长辫，有一姑娘的发梢上还缀有一朵山花。

古书上记载，壮族祖先的发型还有披发，以及倒螺髻形的椎髻。

到唐代，男子仍"露发"，女子挽髻垂于后，用三四寸的竹条斜贯其中；宋代壮族地区流行椎髻；清代乡村男子依然剪短头发，不理清廷禁令。

广西桂南不大相同，有的地方少女是一条长辫加刘海；少妇则梳双辫；中年老年结髻，垂于脑后。大多数壮族地区的少女都喜欢留刘海，并习惯于用两股绞在一起的纱线把汗毛拔掉，特别是婚期临近的姑娘，总是把后颈的汗毛拔光，露出嫩白的脖颈。

壮族和瑶族、苗族都普遍盛行银饰，广西百色"女子饰品，有发箍、簪及指约、手镯等"。广西恩城"妇女装饰，城厢多尚金玉，乡村则重玉质银器"。

广西西林"唯女子最爱佩戴簪钗、手镯及盾牌等。富者用金质，贫者用银质"。广西桂东南的壮苗少女，也"尚戴银质簪环"。

壮族妇女的主要饰品有银梳、银簪、耳环、项圈、项链、胸排、戒指、银镯等。

银镯式样丰富，有的打成一指多宽的薄片，上面有藤蔓或花卉作装饰；有的是多股藤蔓相缠，其中有的还嵌上绿色小珠。

镯子的式样繁多，其特点是精致小巧，其形态和花纹多取自壮乡的自然景物，具有浓郁的民族风格和地方色彩。

姑娘们的手镯不仅是装饰品，而且还是爱情的象征。在青黑色的镶边衣服上，配上各种形态的银饰，在黑底的衬托下，银光闪闪。人体的媚态与自然景物的美融为一体，俊秀中透出一种艺术的光泽。

凿齿和文身是广西先民在发展服饰与银饰之前就在自

■ 壮族头饰

身躯体上表现美的方法。产生于血缘婚末期和族外婚初期的神话《布伯》曾讲到凿牙的事，通过这则神话可给人们两个信息：一是凿齿的风俗很古老；二是此俗和生男育女有关。

在古代，壮族的祖先曾把凿齿当作成丁礼。认为凡凿齿的男女就表示自己已成熟，并且享有性生活的资格。久而久之，凿齿成了一种习俗，并以此为美。

后来生产条件改善了，凿齿又和镶牙结合起来。广西龙州等地壮族男女青年以镶牙为美，逢人一笑，露出一两颗金牙来，金黄黄的甚为得意。红水流域一些地区的男子也有镶牙之俗。

宋代《太平寰宇记》载，邕州左右江各州"其百姓恶是雕题、凿齿、画面、文身"。可见文身之俗，在八桂地区不仅由来之久，而且相当普通。

人们在额上、身上文身还是不同氏族、部落的区别，具有民族图腾的标示作用。后来图腾观念淡化，文身慢慢成为一种装饰，变成了服饰的补充和延伸。文身的部位，以面额最为重要，因为这是先人眼的部位。其次是前胸，再次为两臂及背部，最后是双膝以上至小腹。

文身的内容和不同部落的习俗有关，也就是和不同氏族的标志，再后来则与人们的某种观念有关，例如，不同的审美观念等。

阅读链接

广西民族服饰特色除壮族最突出外，瑶族、苗族与其类似，而京族男子一般都穿及膝长衣，坦胸束腰，衣袖较窄，腰间束带。

京族妇女则内挂菱形遮胸布，外穿无领、对襟短上衣，衣身较紧，衣袖很窄，下着宽腿长裤，多为黑色或褐色。

外出时，外套淡色旗袍式长外衣。妇女喜欢染黑齿、结"砧板髻"。上身束腰，突出身段，使女子显得婀娜多姿，下摆舒展，开衩至腰际，活动方便。

神圣吉祥的绣球和背带

　　绣球是八桂地区壮族人民神圣的定情物和吉祥物。自古以来，壮族人民都用绣球来传情达意和祈福纳祥。因此，绣球被赋予了丰富的精神寓意和文化内涵。

　　绣球原是广西壮乡青年男女之间的爱情信物，关于它的来历，有一段动人的爱情故事：

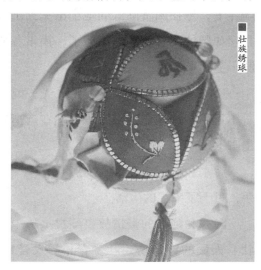

■壮族绣球

　　在很久很久以前的靖西县旧州古镇下的一个小村庄里，居住着一户贫穷人家。这家人的儿子阿弟爱上了邻村的姑娘阿秀。

　　阿秀美丽漂亮、生性善良，也深深地爱上了诚实、勤劳、勇敢的阿弟。

　　有一年春天，阿秀在一

壮族少女

次赶圩时，被镇上一个有钱有势的恶少看上了，要娶阿秀为妻。阿秀以死相胁，誓死不从。

当恶少得知阿秀深深地爱上邻村的阿弟时，为了让阿秀死心，恶少眼珠一转，计上心来。他贿赂官府，以"莫须有"的罪名将阿弟判了死刑并关进地牢等待秋后问斩。

阿秀听到这个消息后，似晴天霹雳，整日以泪洗面，哭瞎了双眼。在她哭瞎了双眼以后，开始为秋后就要被问斩的阿弟一针一线地缝制绣球。

针扎破了阿秀的手，血流在了绣球上，被血浸染以后，绣球上的花更艳了，叶更绿了，鸟更鲜活了。经过九九八十一天，装满了阿秀对阿弟深深的爱恋，浸透了阿秀鲜血的绣球做好了。

阿秀变卖了自己所有的首饰，用所得的钱买通了狱卒，在家人的陪伴下，她在阴暗潮湿的地牢里见到了自己日思夜想，却已被折磨得骨瘦如柴的阿弟。阿秀绝望了，摸索着从身上取出绣球戴在了阿弟的脖子上。

这时，奇迹出现了，只见灵光一闪，阿秀、阿弟和家人便什么都看不见了，等他们醒来时，已躺在远离恶少和地牢的一处美丽富饶的山脚下。

后来，阿秀和阿弟结婚了，生了一儿一女，靠着自己勤劳的双手，过上了幸福的生活。

阿秀和阿弟的爱情故事经过一传十，十传百，慢慢地绣球就成了壮乡人民的吉祥物，壮乡青年男女爱情的信物，后来也就有了抛绣球、狮子滚绣球等民间活动。

广西壮族绣球又称"堆绣绣球"，由老艺人采用"堆绣"这一古老而复杂的刺绣工艺制作而成。其结构独特、选料考究，且全部以手工制作，做工精细小巧玲珑，色彩鲜艳，是世界上最精美的绣球。

广西绣球多以红、黄、绿三色做底及面料。绣球大多为12瓣，每瓣皆绣上各式吉祥物，如梅、兰、菊、竹等花卉图案或春燕、龙、凤等。

一般的绣球大都是采用单线刺绣的方式在花瓣的面料上绣出各色图案，花瓣面料上的图案为平面式，线条、色彩如画一般美；而采用复线刺绣方法的"堆绣绣球"则图形更为精美，图案极为复杂，所勾勒之物栩栩如生，极富立体感，如鲜活之物欲喷薄而出，数绣球中的极品。

历经千百年，壮家的优秀儿女们，不断为绣球这一古老艺术品注入新的活力，令其在不同的时代都散放出璀璨的光芒。

八桂壮乡的娃崽背带，有"辈辈传代"之意，亦称作襁褓、褓抱，本意为包裹小儿的衣被，引申为幼童的代称。

广西壮族、毛南族、水族、苗族、仫佬族、彝族等各族妇女都有制作娃崽背带的传统习俗。据传，娃崽背带已经有300多年的

堆绣 用各色棉布、绸、缎剪成所设计的各种图案形状，精心堆贴成一个完整的画面，然后用彩线绣制而成。其工序有图案设计、剪裁、堆贴、绣制，个别图案部分上色等。以堆贴为主，绣制为辅。

111

守护之魂

岭南撷英

■ 广西蝴蝶凤鸟寿字纹背扇

■壮族绣花背带

历史，流行于广西地区的少数民族中。

在壮族的民间传说里，花婆米洛甲是生育之神，她是从花朵中生出来的，而一个个壮家的娃崽，原本也都是花婆山上的一朵朵花儿，为此，壮族人家的娃崽背带带上绣满了各种各样的花朵，这象征花婆的怀抱，是一个充满花香鸟语的温暖世界。

壮族在广西的居住分布涵盖全区，由于人文、地理环境及风俗习惯的差异，背带也呈现出不同的基本结构和图案样式。游鱼、飞鸟、彩蝶、蜜蜂、龙虾、狮虎、麒麟，它们藏匿于花中与花浑然一体，构筑成背带上的万物生灵。

娃崽背带，是一本没有字的史书，没有"字"，却有"纹"。在我国土地上世世代代生息着的劳动大众，就用这样的方式，书写着他们的历史，挽留着千古传承的"读图时代"。

阅读链接

广西曾做过超大绣球供日本国立民族博物馆收藏，同时为迎接港、澳回归分别制作直径达1.97米和2米的超大型绣球；为庆祝申奥成功，制作了直径达2.2米的超大型绣球；为迎接中国－东盟博览会胜利召开，制作了直径2米以上的超大型绣球等。

同时，八桂壮乡的绣球不但被人们当作馈赠亲友之礼品，家庭中的装饰品，而且还逐渐成为传递爱情、亲情，以及友情的民族文化使者。

艺苑民风

　　广西是多民族的省区，不论是民间文学还是民间歌曲，或者是民间戏剧，都非常丰富，并呈现出独具特色的民族风情。

　　其中，民间文学是广西的先民在长期的生产斗争和社会关系实践中的口头创作，它包括神话、传说、故事、谚语等。这些口头文学，依靠着当地人民的世代口耳相传。

　　同时，广西还素有"歌海"之称，特别是壮族等少数民族，都有唱民歌的传统。

　　另外，广西还有特色的桂剧和以壮话、桂林官话演出的壮剧，以及象征壮族统治权力的铜鼓文化现象。

美丽凄婉的刘三姐传说

刘三姐，是八桂地区广为流传的壮族人物。她聪慧机敏，歌如泉涌，优美动人，有"歌仙"之誉。人们对其无比喜爱，有关她的故事与记载很多，更是把每年的农历三月三当成节日来纪念她。

相传在唐代，在罗城与宜州交界的天洞之滨，有个美丽的小山村。村中有一位壮族姑娘叫刘三姐，她自幼父母双亡，靠哥哥刘二抚养，兄妹二人以打柴、捕鱼为生，相依为命。

三姐不但勤劳聪明，纺纱织布是众人夸赞的巧手，而且长得宛如出水芙蓉一般，容貌绝伦。尤其擅长唱山歌，她的山歌闻名遐迩，远近歌手经常聚集其

■ 广西壮族妇女上衣

村，争相与她对歌、学歌。

刘三姐常用山歌唱出穷人的心声和不平，故而触犯了土豪劣绅的利益。当地财主莫怀仁贪其美貌，欲占为妾，遭到她的拒绝和奚落，便怀恨在心。

莫财主企图禁歌，又被刘三姐用山歌驳得理屈词穷，他又请来3个秀才与刘三姐对歌，又被刘三姐等弄得丑态百出，大败而归。

莫怀仁恼羞成怒，不惜耗费家财去勾结官府，咬牙切齿把刘三姐置于死地而后快。

为免遭毒手，三姐偕同哥哥在众乡亲的帮助下，趁天黑乘竹筏，顺流沿天河直下龙江后入柳江，辗转来到柳州，在小龙潭村边的立鱼峰东麓小岩洞居住。

来到柳州以后，三姐那忠厚老实的哥哥刘二心有余悸，怕三姐又唱歌再招惹是非，便想方设法来阻

芙蓉 生于陆上者叫木芙蓉，生于水上者叫水芙蓉。水芙蓉就是荷花，又叫芙蕖、莲花。木芙蓉又名木莲，因花"艳如荷花"而得名，另有一种花色朝白暮红的叫作醉芙蓉。

■ 对歌台

七仙女 是传说中玉皇大帝的7个女儿，由此衍生出众多美丽的传说故事，如董永与七仙女。另一说法，玉帝有十女，七仙女为除了圣观音、大势至菩萨、文殊菩萨外的7个，还有珠王圣母、碧霞元君、白娘圣母、青娘圣母、西王圣母、仙女圣母、九天玄女。

止。一天，他终于想出了个办法，从河边捡回一块又圆又厚的鹅卵石丢给三姐，说："三妹，用你的手帕角在石头中间钻个洞，把手帕穿过去！若穿不过去，就不准你出去唱歌！"接着铁青着脸一字一顿地补充道，"为兄说一不二，绝无戏言。"

先还是甜甜微笑的三姐，看着哥哥的满脸愠色，哪里还敢像往常那样据理争辩，拾起丢在面前的石头，暗忖道："我又不是神仙，手帕角怎能穿得过去？"她下意识地试穿，并唱道：

哥发癫，拿块石头给妹穿；
软布穿石怎得过？除非凡妹变神仙。

"管你是凡人也好，神仙也好，为兄一言既出，绝不更改！"哥哥像是吃了秤砣铁了心，他心想：这一招够绝了吧，还难不倒你？

谁料三姐凄切婉转的歌声直上霄汉，传到了天宫七仙女的耳里。七仙女非常感动，恐三姐从此歌断失传，于是施展法术，从发上取下一根发簪甩袖向凡间刘三姐手中的石块射去，不偏不歪，把石头穿了一个圆圆的洞。

三姐无意中见手帕穿过石头，心中暗喜，张开甜润的嗓子：

哎……穿呀穿，柔能克刚好心欢，
歌似滔滔柳江水，源远流长永不断！

从此，刘三姐的歌声又萦回在鱼峰山顶、树梢，慕名来学歌的对歌的人连续不断。

后来，三姐在柳州的踪迹被莫怀仁知道了。他又用重金买通官府，派出众多官兵将立鱼峰团团围住，来势汹汹，要捉杀三姐。

小龙潭村及附近的乡亲闻讯，手执锄头棍棒纷纷赶来，为救三姐而与官兵搏斗。三姐不忍心使乡亲流血和受牵连，毅然从山上跳入

■ 刘三姐银幕形象

神仙 即仙人，我国本土信仰。仙人信仰在我国早在道教产生之前就有了，后来被道教吸收，又被道教划分出了神仙、金仙、天仙、地仙、人仙等几个等级。后来佛教传入我国之后，人们把古印度的修行人也翻译成了仙人。

■ 广西宜州风光

八桂山水

八桂文化特色与形态

小龙潭中……

　　正当刘三姐纵身一跳的时候，顿时狂风大作，天昏地暗。随着一道红光，一条金色的大鲤鱼从小龙潭中冲出，把三姐驮住，飞上云霄。刘三姐就这样骑着鱼上天，到天宫成了歌仙。而她的山歌，人们仍世代传唱着。

　　为纪念她在柳州传唱的功绩，人们在立鱼峰的三姐岩里，塑了一尊她的石像，一直供奉。

阅读链接

　　　　刘三姐的传说最早见于南宋王象之《舆地纪胜》卷九十八《三妹山》。明清以来，有关她的传说与歌谣文献记载很多。壮族民间口耳相传的故事与歌谣更为丰富。

　　据传刘三姐为唐代壮族农家女，年幼聪颖过人，被视为"神女"。12岁能通经传，指物索歌，开口立就。自编自唱，歌如泉涌，优美动人，不失音律，故有"歌仙"之誉。15岁时聘于林氏，722年为抗拒林氏逼婚，与情人张伟望出奔，不知所终。民间多以为他们双双成仙而去。

随编随唱的壮族民歌

　　八桂地区民间文学的一个重要的流行方式为民歌。八桂地区有"歌海"之称，尤其壮族乡村山寨自从出了"歌仙"刘三姐之后，"歌王""歌匠""歌手"到处都有，聚众唱歌形成习惯。

　　壮族称民歌为欢、比、西、加等。不同地区叫法不一，以称"欢"的地区最多。壮欢有其鲜明的民族特色，其形式独特多样，有

■ 渔船上唱山歌

勒脚歌 壮族欢体民歌形式之一。勒脚，壮语是复唱的意思。民间有"单勒欢"和"双勒欢"之分。单勒欢，六行一首，每首三节，每节二行。头一节的第一行构成第二节的尾行，第二行构成第三节的尾行。双勒欢，十二行一首，每首三节，每节四行。和单勒欢的区别是每次复唱部分不是单行，而是双行。

长歌、散歌、套歌、组歌、勒脚歌、排歌；有五言、七言、长短句、有两行、四行、六行、八行、十二行、十八行；其韵律有脚腰韵、脚头韵、脚韵等。韵律符合壮族口语习惯，唱起来非常和谐优美，体现了壮族人民在文学上的创造才能。

壮族人能触景生情，随编随唱，辩驳对歌，几天几夜，总之，他们有编歌、唱歌的高超本领。而民歌内容极为丰富，许多民歌是用壮族"土俗字"记录传下来的，更多的是以口头传授的形式广泛流传于民间。

最著名的如"哭嫁歌"，是广西壮族农家特有的一种婚嫁习俗，源远流长。古代妇女尤其是壮族妇女无法用文字记录自己的故事，只能以诉说和吟唱的方式表达心情，形成了哭嫁歌。

壮族哭嫁歌亦称"伴离歌""伴嫁歌""送嫁歌""送老歌"，取义"送姑娘去与丈夫百年偕

■ 山歌对唱

■ 壮族女子唱山歌

老"，是一种壮族礼俗歌曲，在广西南宁、钦州、贵港和百色等地区流传。

壮族哭嫁歌甚是讲究程式。姑娘出阁前数日，十姐妹每晚聚集在新娘闺房内唱哭嫁歌，出阁之日达到高潮。

哭嫁歌内容中，控诉旧的礼教和买卖婚姻占有很大分量。此外，还有歌颂父母养育之恩，或埋怨生为女孩要出嫁，或埋怨兄弟在自己嫁出后独占家产，或对一同长大的姐妹的留恋，等等。

哭嫁歌曲调虽然简单，但婉转缠绵。唱来情真意切，催人泪下。出嫁新娘上轿前在厅堂上辞别祖先、父母时，唱得凄切动人，甚至有唱至昏迷不醒的，满堂宾客为之哽咽。

十姐妹 少数民族婚嫁习俗，新娘过门前一个月，同村寨的同辈姑娘自愿组成10人傧相，到未婚新娘家做姐妹，与新娘日夜相伴，帮她做新鞋，缝嫁衣，备妆套。成亲的那天，十姐妹与新娘打扮得一模一样，甚至连举止姿态都相似，到了新郎家，11个姑娘一起登堂入室，热闹非常。

民族舞蹈

八桂山水

八桂文化特色与形态

哭嫁歌的曲调为五声商调式，层级递进，乐段结构为上下句，曲调流畅、纯朴、哀伤。词七言四句，通常是即兴创作。内容以斥媒人、骂接亲、叹祖宗、怨父母为主。

如《姐妹难离分》中唱到：

油茶点灯灯花新，今夜姐妹难离分。
明天花轿抬姐去，在家姐妹泪淋淋。

流传于桂西右江一带的"嘹歌"，包含着山山水水、动物植物、农工技艺、世俗民情、婚恋嫁娶、从征打仗等，内容无所不有，既叙事，又抒情，被称为"一部未经刊行的壮族古代原生态百科全书"。

嘹歌那来自人民生活的语言，朴实、凝练、生动，唱出了壮族人民的心声。这种民歌，内容广泛，有生活歌、时代歌、情歌、劳动歌、仪式歌等。

壮族生活歌主要是苦歌，它反映了壮族人民历受的苦难。苦歌主要有生活苦、长工苦、媳妇苦、牧牛苦、单身苦、孤儿苦、鳏寡苦、当兵苦、无家苦、拉夫苦等，字字句句都渗透了当时艰苦生活的血泪。

如"竹篙打水两面飞，孤儿丫头受人苦，哪个晓得黄泉路，写封书信喊娘回"，这凄楚动人、催人泪下的生活歌，让听者无不为之动容。

时代歌是壮族人民对历史事件和人物作出评价，态度鲜明，措词尖锐。如《唱中国历史》《三国诗》《刘二打番鬼歌》等，都表达了壮族人民的历史观。

壮族情歌是正大光明爱的宣言，热情洋溢的青春的颂歌。那种男女青年因相爱而激发出来的激情的涌泉，令人荡起回肠。在壮族的歌海里，情歌是最澎湃的浪涛。

壮族劳动歌有很大的实用价值，它是壮族劳动人民生活经验的结晶，传授生产知识的重要手段。

其中有反映劳动美德的劳动歌；有反映劳动内容的看牛歌、造屋

壮族风情

■ 壮族对歌者

歌、十二月农事歌；有咏唱劳动工具的盘歌；有描绘动植物形状、性质、用途的瓜果歌、十二月花歌、鸟兽歌；等等。形式新颖别致，内容丰富多彩。

壮族仪式歌内容最为广泛，它几乎反映了壮族各个方面的习俗，是研究壮族人生活、心理、意识演变的极好材料。仪式歌里的诀术歌，表明壮族祖先相信语言的力量，认为咒语可以影响神的意志。

排歌是壮歌的一种形式，壮语称"欢排"。属自由体诗，流行于百色地区。特点是句不定字，押韵宽松，中间也可变韵，颇有气势。

《壮族排歌》是男女对唱的情歌集，分为初会、试探、交心、定情、结义、离别、安家等十章。贯穿着反对旧礼教、争取婚姻自由的思想，表现壮族青年男女热爱生活，追求个性解放的美好心灵。

阅读链接

壮族哭嫁歌之所以存在数百年甚至上千年，有着其合理的缘故。壮族农家大部分人居住的地方，群山连绵，地势偏僻，交通不便，姑娘出嫁之处，近到两三里，远则数百里，跨省、跨县、跨乡，天各一方，一别难见。

"相见时难别亦难"，不知何时是归期，思前想后，不禁潸然泪下。哭嫁是勤劳勇敢、淳朴善良、尊老爱幼、热情好客的壮家人告别家人，答谢亲友的感情流露和心灵表白。

哭嫁歌在于演唱形式的多样性与群体性。以新娘为轴心，囊括与之发生感情联系的一切社会成员。新娘的身份不仅通过举行婚礼时的各种仪式得到确认，也通过哭嫁公之于众。

表演细腻传神的桂剧

桂剧是广西的主要剧种之一，俗称桂戏或桂班戏，是用桂林方言演唱的剧种，做工细腻贴切、生动活泼，借助面部表情和身段姿态传情，注重以细腻而富于生活气息的表演手法塑造人物。即使是武戏，也多是文做。

桂剧流行于桂林、柳州、河池、南宁等地市和梧州地区北部操"官话"的城乡，深受八桂人民的喜爱。

明末清初，昆山、弋阳和乱弹等腔已流行于桂林一带。清雍正年间，桂林已有独秀班等昆班。清乾隆年间，又有湖南祁阳班频繁到桂林演出。

祁阳班在桂林演出期间受广西

桂剧女演员

官话影响，逐渐改变语音。一部分祁剧艺人落户桂林后，开始用桂林话演唱祁阳戏，时人称桂林班，后人即称之为桂剧。

最早的桂剧班社，有清道光年间唱多种声腔的三合、三庆等名班，之后又有瑞华、老仁和、上升、卡斌、锦华等班。

从1882年开始，桂林各地相继出现宝华、群英、翠华、兰斌小社等桂剧科班，自此桂剧与祁剧逐渐分野，但桂剧与祁剧艺人时有相互搭班演出，相互聘师传授技艺。由于戏路接近、语音相似，祁、桂艺人长期同台、同剧演出，使桂剧声腔、演技深受影响，发展日臻成熟。

桂剧剧本的创作可追溯到1896年，唐景崧为"桂林春班"撰写《看棋亭杂剧》40出，成为桂剧第一批独有剧目。

第一个桂剧女科班福珍园创办于1912年，后来又培养了一大批女演员，尤其是和园甲、乙两个女科班对桂剧发展影响较大。之后男女科班达30多所，为桂剧培养了不少人才。

1902年，桂林建立起第一个戏院景福园，之后又相继建起和园、仪园戏院。从此，桂剧逐渐进入剧场作固定性的演出。

桂剧表演

这些戏院争相去天津、上海等地聘请京剧演员来桂林演出，自此京剧不断流入，在剧目、表演、化妆、服饰、布景等方面，京剧艺术对桂剧的改革产生了很大影响。

桂剧汲取祁剧、京剧、昆曲等剧种的声腔和表演艺术，唱、做念、舞俱重，尤以唱工细腻、做工传神见长。桂剧的声腔音乐属皮黄系统的板腔体，以弹腔为主体，兼有高腔、昆腔、吹腔及杂腔小调等。

■ 桂剧人物表演

弹腔，分南路"二黄"和北路"西皮"两大系，其反调形式"阴皮"和"背弓"又都自成体系。北路高亢雄壮，南路委婉低沉；阴皮略带凄婉悱恻，背弓则长于表现悲壮凄惨的情绪。

高腔，源于弋阳腔，是一种由曲牌缀合组成的曲牌体，曲调高亢、悲壮，其演唱特点是仅用锣鼓伴奏和人声帮腔，不用管弦乐器。

昆腔，即昆曲，曲调委婉低回，格律比较严格。吹腔，即安春调或安庆调，男女不同腔，男腔端庄、潇洒，女腔流利、活泼；用笛子伴奏，以唱为主，唱念结合，曲调诙谐、轻快，多插入弹腔使用。

桂剧用桂林方言演唱，声调优美，抑扬有致。表演质朴细腻，唱腔委婉动人、清澈明亮，具有浓郁的乡土

吹腔 戏曲腔调，徽剧主要声腔之一，明末清初徽调的早期声腔昆腔、弋阳腔受西秦腔影响，在枞阳石牌一带形成新的腔调，故名"枞阳腔""石牌腔"及"安庆梆子""芦花梆子"。

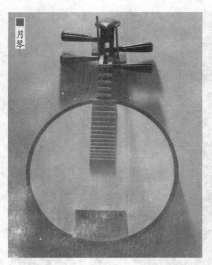

■月琴

气息。桂剧在表演上侧重做工，即便武戏也多是文做，注重以细腻而富于生活气息的表演手法塑造人物。

桂剧的伴奏乐队分为文场、武场。前者使用二弦、月琴、三弦、胡琴以及曲笛、梆笛、唢呐、唧呐等，兼配部分中、低音乐器；后者使用脆鼓、战鼓、大堂鼓、小堂鼓、扎板、摇子、大锣、大钹、小锣、小钹、云锣、星子、碰铃等。这些乐器在音色上各有特色，是桂剧各声腔音乐的重要组成部分。

桂剧的角色分为生、旦、净、丑四大行当。生行又分生、末、外、小、武；旦行中又分旦、占、贴、夫；净行则分为净、副净、末净；丑得只分丑和小丑。另有一些跑龙套的下手，统称"杂"。各行当在表演上风格各异。

桂剧的主要剧目有《梁红玉》《打金枝》《西厢记》《穆桂英》《太白傲考》等。

阅读链接　　扎根于民间的桂剧，融合广西特有的风土民情和人文特点，逐步形成了细腻婉约、灵秀生动、刚柔并济、富有乡土气息的风格特色和贴近生活的质朴简约之美。

同时，仫佬族剧与桂剧是一对孪生姐妹，都是由湖南的祁阳剧嬗变而来的。可以认为桂剧直接来源于祁剧，而祁剧也是粤剧其中一个来源，从这一个意义来说仫佬族剧和桂剧这"一对孪生姐妹"就是"同宗系分支"的历史关系。

由坐唱发展起来的壮剧

广西壮剧，是在丰富的民间文学、音乐、舞蹈和说唱艺术的基础上发展起来的壮族戏曲剧种。壮剧自清代中期已有演出，流行于广西的西部和云南文山的富宁、广南一带。

由于流行地区和语言、表演等的不同，壮剧分为北路壮剧、南路壮剧两类，也有将师公戏算在内分为3类。

■ 壮剧人物

北路壮剧最早为"板凳剧"，起源于民歌、唱诗和曲艺，原是壮族民间说唱的一种坐唱形式。劳动之余，由二三人坐在板凳上唱故事。

1765年，广西田林县组织龙城班搭台演出《农家宝铁》，即具有了北路壮剧的雏形。当时称"土戏"，流行于右江流域，使用壮族北部方言。

■壮剧表演

　　嘉庆至道光年间，北路壮剧得到发展，咸丰至光绪末年达到全盛，平均每100人中就有一名业余演员，堪称全国之最。

　　北路壮剧上演剧目有300多个，多数为本民族创编剧目，有歌颂美满姻缘的，有颂扬民族英雄的，等等，内容涵盖社会的方方面面。其形式经历了八音班、八音坐唱、板凳戏、门口戏、地方戏、搭台戏等阶段。

　　北路壮剧音乐风格古朴，经过十代艺师的不断改革发展，有36声腔。"正调"唱腔是北路壮剧的主要唱腔，由旧州山歌发展而成，调式稳固明朗，旋律恬静优美，素来男女通用，具有浓郁的田园风味。

　　北路壮剧行当较齐全，主要有生、旦、武、丑四大行当。生角有小生、中生、文生、穷生、公子、老生；旦角有小旦、正旦、花旦、摇旦、彩旦；武角有武生、小武、老武；丑角有大丑、小丑等。

　　北路壮剧成功地运用本民族的谚语、俚语、格言，修辞上以比喻为主，对仗工整，词汇丰富，语言生动，押韵自然，脍炙人口，在戏剧语言艺术方面独树一帜。

　　南路壮剧，主要流行于使用壮语南部方言的靖西、德保、那坡、天等、大新、田东、田阳一带。在它的创建和形成最初阶段包含德保马隘土戏、靖西果老土戏和靖西足院土戏。

　　壮族先民信仰巫，以假面具来扮诸神从而形成一种跳神活动。晚

八桂文化特色与形态

唐诗人李商隐在其《异俗》一诗中有"家多事越巫"句。"越"指的就是古时岭南一带少数民族，也包括壮族，这说明古代壮族先民就有巫的活动。

巫跳神时唱的一种特殊的曲调俗称"末伦"。末伦是壮语的汉字记音，是壮族民间的一种说唱形式。壮语末即巫。伦即叙述，含论之意，是叙说故事的巫调。

巫调有坐巫、生巫、叙事巫3种。巫调多为叹苦情、思离别、诉衷怀。后来民间艺人又运用这些巫调来说唱故事，才形成了末伦。

巫调并非巫婆专用，一般男女甚至老人、小孩都可以唱，并且以叙事为主，唱说个人身世遭遇，甚至后来发展为歌颂英雄传奇人物故事。

靖西、德保地方人民把两种唱腔加以创造成为末伦调，后来发展成南路壮剧的最早唱腔。

南路壮剧的创建和形成最初阶段，包含德保马隘土戏、靖西果老土戏和靖西足院土戏。

岭南 又称岭外、领表。岭南古为百越之地，是百越族居住的地方，秦末汉初，它是南越国的辖地。岭南是块天然屏障，它阻碍了岭南地区与中原的交通及经济联系，当时被中原华夏汉人称为"蛮夷之地"。自唐朝宰相张九龄在大庾岭开凿了梅关古道后，岭南地区才得到逐步的开发。

■ 壮剧表演

■广西壮族古戏台

德保马隘土戏创始人黄现炯于清道光年间运用壮语南部方言，同时又继承壮族民间小调"斗鸡调"，并吸收邕剧之长形成马隘土戏。靖西足院土戏创始人韦公现于清光绪年间用壮语南部方言，在继承壮族提线木偶戏唱腔"平板""叹调"等的基础上创建足院土戏。靖西果老土戏也是在继承壮语南部方言和壮族木偶唱腔基础上形成的。

由于这几路土戏是在同一语言、同一地域中产生形成，它所继承的都是符合壮族人民的心理素质，因而得到壮族人民的接受。经多年互相交流，逐步融合发展成为南路壮剧。

当时的班社组织，一般由村寨中有热心演剧事业或德高望重的寨老募招成员，经费由寨上各家各户集资筹办。初建起来的班社如有聘请师傅传艺，其吃喝费用由班社担负，本寨师傅传艺一般不收酬劳。

南北路壮剧演出活动时间，一般在农闲时节、歌好时令，尤其是春节期间最为盛行，村村寨寨搭台唱戏。比较活跃或名声较高的班社，不但在本村寨演出，一般在大年初三开始受邀到外寨演出。甚至跨省到贵州、云南边界地区演出，直至三月春耕大忙才回来。

南路壮剧源于当地民间歌舞，既受靖西提线木偶戏的影响，最初为唱做分开的"双簧式"演唱形式，后逐渐丰富发展而为戏曲形式。唱时常用"呀哈嗨"衬腔，故又叫"呀嗨戏"。

南路壮剧伴奏乐器以清胡、厚胡、小三弦为主。主要唱腔有平板、叹调、采花、喜调、快喜调、高腔、哭调、寒调、诗调等。

南路壮剧在行腔时，还采用"一人唱众人和"的帮腔形式，演员在台上演唱，乐队在后台助唱。帮腔多用在起板首句和唱段收尾的衬词、拖腔，末句为重句全帮。这种帮腔手法，在制造舞台气氛、烘托剧情环境，对人物感情揭示、渲染等方面，都具有强烈的艺术效果。

南路壮剧的表演，角色也有分工，行当大略分为生、旦、净、丑四行，花脸分大小花脸，小生有文生、武生，旦角有正旦、武旦、老旦。

壮剧的伴奏，主要乐器是马骨胡，用马腿骨做琴筒，金属弦，比京胡细而长，音乐清脆、明亮。配器是土胡、葫芦胡和二胡、三弦、箫筒或笛子，有时吹奏木叶作为辅助，打击乐队一般为四人建制，乐器有板鼓、木鱼、座鼓、蜂鼓、小鼓、大顶钹、星锣、高边锣等打击乐器。其中以蜂鼓最有特色，音色沉厚，音响如瓮瓮声。

阅读链接

壮族人迷壮戏，因为不但剧情是壮族人熟悉的，而且唱词、道白也是壮族的方言土语，听来特感亲切。此外，那慢板中的咏叹调，中板中的喜调、采花调、高调，快板中的高腔、快喜调、快采花，散板中的哭调、寒调、诗调、扫板等，无不来自壮族人所熟悉的民歌曲调，令人喜爱。

主要唱腔的唱词都保持了壮族民歌的特有韵律结构：押腰脚韵形式。所谓"腰脚韵"，即上一句的末一个字与下一五字句的第二或第三字，七字句的第五字互相押韵。

这样的押韵，唱起来使人觉得简中有繁，同中有变，婉转起伏，连绵不断，听而不厌，韵味无穷。这在我国戏曲中是独具一格的。

独具神秘色彩的师公戏

　　广西师公戏在壮族地方叫"壮师"或"调师"。演出时，装师公的人戴假面具，边跳边舞，以表现请神驱鬼，祈福消灾或丰收酬神的宗教内容。

■ 傩舞"跳五猖"

■ 壮族师公舞

因为师公在祭神驱鬼时常喃喃歌舞，它没有道白，一唱到底，故又叫壮族诗剧。

师公戏主要流传于河池、宜山、来宾、贵县、上林、武鸣、邕宁一带。是从"跳神"的基础上发展起来的，它在清同治年间就开始具有了戏剧雏形。

广西壮族人民聚居的地区，除了信奉道、佛两教之外，还普遍盛行一种称作"梅山教"的原始宗教，尊奉唐道相、葛定志、周护正为始祖，系多神信仰，是当地巫教、道教与古代傩礼混合而形成的一种教派。

壮族人的传统习俗，天旱求雨、丰收酬神、驱鬼逐疫或料理丧事，需请"梅山教"师公主持盛大的祭祀仪式。这种仪式的称谓各地不一，有"打醮""做斋""古箫""调芒庙""调箫""唱师"等称呼。

师公在祭祀仪式中，除进行念咒、卜卦、驱鬼等巫术活动外，主要是戴面具跳神，并演唱各位神的传说故事。

梅山教 产生于古梅山，他们信奉的男神叫张五郎，是梅山祖师。相传他是狩猎能手。他长着一双反脚，倒立行走，飞禽走兽是他的传令兵；他们信奉的女神叫白氏仙娘，她是家禽家畜的总管神灵。在生产和分配方面，他们过的是一种共同劳动，平均分配的原始共产主义生活。

师公所表演的各种跳神舞蹈，群众称之为"师公舞"。"师公舞"源于何时，一说源于周代，其唱本中确有"周朝唱师传下来""三元三圣号真君，周兴幽厉做谏臣，辞职参师为正教，究竟五行秘密文"等唱词；一说源于黄帝时代，说黄帝就是运用梅山教密文战胜蚩尤的；又传唐、葛、周为皇帝母亲击鼓舞蹈，驱邪治病，皇帝封其为三元，遂"三元教"广为流传；又一说源于汉代，诸葛亮南征十洞蛮王时，有梅山教徒随征，后流落于十万大山传教，由此出现师公。

以上种种，均属口头传说，但也在一定程度上说明"师公舞"起源甚古。与岭南古代巫舞、傩舞有着一定的渊源关系。

傩舞，作为一种驱鬼逐疫的古礼与民间习俗，早在周代已盛行于宫廷和中原地区的北方农村。

古代傩礼是驱鬼逐疫，时间在除夕前一日和老人丧葬时，方相氏戴面具扮傩，服装是玄衣朱裳，道具是戈、盾和大鼗，这些恰恰与师公在"打醮""做斋"仪式中的祭祀内容、服饰道具都有相同之处。

仪式最后，师公穿红袍、戴面具、执赶鬼杖或剑器到各家各户赶

■ 傩舞"跳五猖"

鬼的场面，则与方相氏索室驱疫如出一辙。

■ 傩舞表演者

在宋代已闻名京师的"桂林傩舞"与壮族"师公舞"有更多的共同之处。除了酬神祭祖、驱鬼逐疫的祭祀内容和戴面具跳神的表演形式基本雷同外，均属梅山教系统，都有三十六神、七十二相之说，在打击乐伴奏中，均以蜂鼓作为主要乐器，而且都说是由五乐师傅所制。这就说明壮族"师公舞"与傩舞的关系也很密切。

在其漫长的发展过程中，师公戏吸收了傩舞的表演形式，至唐、宋后，由于道、佛二教相继传入广西，又触到了道教的影响，师公艺人为了招揽观众，还大量汲取了民间的传统文艺、体育形式，逐步演变成为一种半宗教性、半文艺性的独特的表演形式了。

广西的师公戏主要流布于广西的北部、中部和南部，尤以河池、柳州、南宁、钦州、百色、玉林等地区为活跃。广西师公戏依民族、语言、音乐唱腔和流

蜂鼓 因鼓身的形状似蜂而得名。它是壮族、瑶族和毛南族混合击膜鸣乐器。又以横置腹前演奏而有横鼓之称。壮族还称岳鼓。瑶语称勐唭、如叨。毛南族称长鼓。此外，还有腰鼓、瓦鼓、黄泥鼓之名。流行于广西壮族自治区各地。

行区域有不同的分类。

就民族而言，分为汉族、壮族、苗族、瑶族师公戏以及毛南族师公戏和仫佬族师公戏等。以语言而分，则主要有平话、壮话、苗话、瑶话、毛南族话和仫佬族话师公戏之别。

平话师公戏是用平话来演唱的。据说，讲平话的广西人祖先原籍是山东青州益都县白马苑，后跟随宋代狄青的"平南军"留在广西。也有一些人认为"平话"并非平南军的专用语言，仅是一种汉族的"平民话"，简称"平话"。

广西的平话大体可以分为"桂南平话"和"桂北平话"两个区域。

桂南平话主要使用于宾阳、邕宁、横县、贵港、上林、马山等县和南宁市郊区以及左、右江流域的一些集镇和部分村庄中。

桂北平话则主要使用于桂林市郊区和临桂、灵川、永福、龙胜、富川、钟山、贺县、融安、融水、罗城、柳江、柳城等地的集镇和村庄中。

这些平话，大同小异，主要是语音有些差别而已，加上人口的流动性加大，即便是原来讲平话的地方，已有许多人不再使用平话。

平话师公戏源于清朝，演出时头戴木制面具，玄衣

木鱼 打击乐器，是外形酷似鱼头形状的一种木制品，在我国很早就出现了，但是有记载的历史却比较晚。这种特殊的器物，并非只在寺庙中才能够见到。早在明清时期，木鱼就已经用于宫廷音乐、昆曲以及民间音乐的演奏。

毛南族 我国人口较少的山地民族之一。毛南族自称"阿难"，意思是"这个地方的人"。称谓表明他们是岭西的土著民族。虽然毛南族人口较少，但是他们却以悠久的历史和独特的文化闻名于世。

牛襄，以"武教"的刀剑和杯碟为道具；行当有生、旦、净、丑四大类，以丑角为主。

而壮话师公戏是广西师公戏最主要的表演形式。初时师公表演时穿红衣戴木制面具，后用纸画脸谱代替，最后才去掉面具，开始代妆表演。

壮话师公戏又叫"做斋"，以壮族民歌音乐和曲牌为基础，伴奏的也沿用小型锣、鼓、钹和木鱼等打击乐器。壮话师公戏采取叙事与歌体，极少对白，载歌载舞，以唱为主，无固定表演形式。

壮族师公戏广泛地吸收壮族流传的民间故事、传说以丰富演出内容。在戏中有唱词、唱腔和舞蹈，初具了戏剧的雏形。

起初，师公在表演时戴上假面具，以神的形象为人间驱鬼逐疫。随着演出剧目的增多，师公戏遂演变成一个剧种壮师剧，它与壮戏一道，成了壮族艺术的并蒂莲。

阅读链接

竹马舞与师公戏密切相关，竹马舞指用竹子编成马的形象，外糊红白纸，表演者戴着纸马边舞边唱。武宣县的竹马舞，以禄新、思灵乡流传最盛。

据老艺人说，相传远古时候有兄弟三人，老大法名三清、老二法名三宝、老三法名三元，后人称他们为三师。他们兄弟三人以专做师公、道公为业，其法术高超，善驱魔赶鬼、迎神纳福、消灾除病。

他们三人自创本家派系后，便广招门徒，授予各种法术、唱腔舞蹈，就这样代代相传下来。

竹马舞，一般是在丧事或人病了请去为死者、病人超度亡灵，迎神驱魔、消灾除病。后来，演变发展到从师公舞中脱颖而出的师公戏后，竹马舞便成了师公戏的附属品，每演师公戏前必先跳一段竹马舞，然后才演唱师公戏的正文。

起源于农村的广西彩调

　　所谓广西彩调，其实是一种戏曲剧种，俗称调子、彩调、彩灯、哪嗬嗨等，属灯戏系统，源于桂林地区农村歌舞、说唱衍化而成的"对子调"。

广西壮族男女服饰

　　彩调起源于广西北部农村，流传甚广，名称不一。桂林叫"彩调"，柳州、河池地区和梧州部分县叫"调子戏"，平乐、荔浦一带叫"采茶戏"，左、右江的宁明、百色等地叫"大采茶""嗬嗨戏"，等等，以后统称"彩调"。

　　彩调形式活泼，通俗易懂，剧目内容十分贴近群众生活，具有浓郁的民族风格和地方特色，被誉为"充满泥土芬芳的快乐剧种"。

广西是多民族聚居的地区，民族民间音乐舞蹈丰富多彩。彩调最初为"双簧蛋"形式，单人表演男女两个角色，而"对子调"则由男女同台表演。

男舞花扇，女挥方巾，表现彼此相爱的喜悦心情，演唱内容多为赞美大自然或歌颂爱情，所用曲调都是民歌、山歌和小调。

■ 广西少女服饰

彩调，多从神话传说、章回小说、市井轶闻中取材，积累剧目500多出。彩调演出采用桂林话，本区内各民族都能听懂，还有本民族的演员。

清道光、光绪年间，调子由北向南流传，形成了以桂林、柳州、宜山三地为中心的主要流布区，并继续向南方传播。受湖南花鼓戏、江西采茶戏和桂剧的影响，调子戏渐次由小丑、小旦的"二小戏"发展成为有人物故事的小生、小丑、小旦的"三小戏"，被称为"三十六出江湖调"。

同时，在桂北农村出现了"七紧、八松、九快活"即7人、8人或9人组成的"过山班"，要求艺人一专多能，便于在各地村寨之间游走巡演。

通过他们在游村走寨和节日庙会的长期演出，积累了《双看相》《双打店》《瞎子算命》《王三打鸟》《三看亲》等36出"三小戏"。

章回小说 我国古典长篇小说的一种，是分章回叙事的白话小说，分回标目，段落整齐，首尾完整。说话人不能把每段故事有头有尾地在一两次说完，必须连续讲若干次，每讲一次就等于后来的一回。在每次讲话以前，要用题目向听众揭示主要内容，这就是章回小说回目的起源。

扬琴 又称洋琴、打琴、铜丝琴、扇面琴、蝙蝠琴、蝴蝶琴，是一种击弦乐器，也是我国民族乐队中必不可少的乐器。音色具有鲜明的特点，音量洪大，刚柔并济；慢奏时，音色如叮咚的山泉，快奏时音色又如潺潺流水。

1906年，最负盛名的草头为圩调班打破"女子不唱调"的旧习，出现了第一批彩调剧女性旦角。

此后，彩调从农村地坪进入城镇戏台，"过山班"发展成二三十人的同乐堂、萃乐堂、群乐园等半职业性的调子班。

此时，原有的36出"江湖调"已难满足观众的要求，艺人们就根据小说和民间故事编演《二女争夫》《一抓抓磨豆腐》等"大调子"戏。这样既丰富了彩调剧目，也促进了彩调音乐和表演艺术发展。

彩调唱腔属联曲体，分板、腔、调3大类。其中板有诉板、哭板、骂板、忧板等；调有比古调、走马调等，腔以角色行当区分有小生腔、旦角腔、丑角腔等，按人物身份、职业区分的有相公腔、化子腔等，表现身段动作的有挑担腔、饮酒腔等。

此外，彩调唱腔中还吸收了一些流行于江南一带的民间小调，如鲜花调、十月花等。彩调的音乐伴奏

■ 广西壮族生活场景

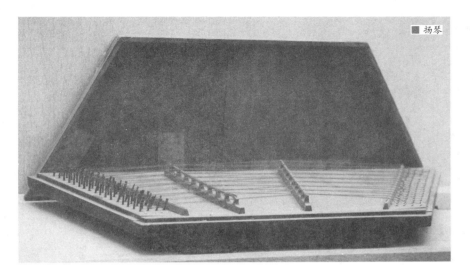

分左、右场，左场为弦乐，右场为击乐。弦乐有调胡、扬琴、琵琶、三弦、唢呐、笛子等乐器，以调胡为主奏。击乐的锣鼓曲牌较简单，常用的有三点头、一条龙、一钹、四钹等。

彩调表演艺术富有地方特色，在"三小戏"中最为突出。如步法、扇花、转身、亮相和旦角特有的指法等，就各有数十种。单是丑角步法就分矮桩、中桩、高桩3大类，其中，矮桩应用最广。扇子、手巾、彩带，被认为是彩调表演的3件宝。

彩调的表演艺术如眼、手、身法、步法的基本特征，大部分体现在小旦和小丑这两个行当身上，摇旦次之。丑角和旦角的步法、转身、亮相、扇花、手花很富有本剧种特色。

阅读链接

彩调剧是桂北一带普遍流行的地方小戏，大都反映劳动人民的生活、爱情和劳动现实，具有很强的生命力，是桂北、湘南民间老百姓喜闻乐见的艺术形式。

其中，《王三打鸟》《娘送女》《地保贪财》《王婆婆骂鸡》等传统彩调剧目深受人民群众的欢迎，堪称我国民族艺术的瑰宝。

与劳动相关的壮族舞蹈

广西是少数民族聚集的地区，而且少数民族个个能歌善舞，尤其以壮族为最。

壮族的舞蹈源于对狩猎的模仿，壮族瑰宝艺术花山崖画本是蛙神的颂歌，但它是按照当年巫师模仿蛙神的形象跳神，把其形象和场面记录下来的，因而可以说是壮族舞蹈的最早记载。

■ 壮族风情

这种舞姿的形状是两臂张开弯肘上举，两腿蹲成弓步，动作粗犷有力，赋有特色，被称为蛙形舞姿。

魏晋时代，古代壮族人在祭鬼神时，跳鬼鼓舞。除了师公舞之外，与酬神有关的舞蹈还有，如铜鼓舞、春

■ 壮族民歌

牛舞、贺新年舞等。

　　壮族民间其他舞蹈，多模仿劳动动作。据统计，表现劳动和爱情生活的舞蹈多达几十种。著名的有春堂舞、扁担舞、蜂鼓舞、采茶舞、屏斗舞、绣球舞、捞虾舞、桃叶舞、斑鸠舞等。

　　广西壮族的扁担舞，又称壮族打扁担，流行于都安、马山、东兰、南丹等县。每年农历正月初一至元宵节期间举行表演，场地是在村前的晒谷场上。表演者有4人、6人、10人、20人不等，均取双数，多是妇女。

　　出场表演时，舞者手持扁担，相向而立，围着一条长一丈多、宽一尺的木槽或板凳，大家口喊呼，于是上下左右相互打击，边打边唱边舞，模拟农事活动中的耙田、插秧、屏水、收割、打谷、春米等姿势动作。

　　舞者时而双人对打，时而4人交叉对打，时而多人连打；有站、蹲、弓步、转身打等，轻重、强弱、

春牛　立春时的风俗之一。立春日劝农春耕的象征性的牛，用泥捏纸粘而成，也叫"土牛"。古时习俗，在"立春"日要进行迎春仪式，接着由人扮成主管草木生长的"句芒神"，最后鞭打春牛；由地方官吏行香主礼，叫做"打春"或"鞭春"。

■ 壮族舞蹈

翡翠鸟 在我国古代，翡翠是一种鸟的名字，由于它身上的毛色十分艳丽。通常有蓝、绿、红、棕等颜色，一般雄鸟的为红色，谓之"翡"，雌鸟的为绿色，谓之"翠"。翡翠鸟是一种很美丽的宠物，故古人常将它的羽毛拿来做首饰。

快慢错落有致，动作优美自然，整个舞蹈优美清新。

翡翠鸟舞流传于柳州武宣壮族地区。道具用竹篾制成鸟形，外糊绿绸缝以绿绒线作羽毛。当地人喜爱翡翠鸟毛色碧绿，啼声清脆，性情温和，视其为吉祥的象征。

春节期间，一男子扮翡翠鸟，另一人扮老者，率鸟沿街到各家拜年演出祝福。表演时舞者进道具内，两手分执或勾住鸟头、眼、嘴、翅膀操纵杆，鸟头转动，眼张合，嘴作响，表现飞翔、觅食、饮水、洗澡、瞌睡等亲切、动人的动态。

舞毕从道具上拔一根"羽毛"送主人，祝愿主家人丁兴旺。主人酬以酒肉、红包。表演的技法与傣族孔雀舞近似，各类鸟形道具的舞蹈融入了壮族人民的智慧与创造。

在春节和其他壮族人自己的喜庆节日里，人们便一起跳起狮子舞，在欢快的鼓乐声中，由人手举狮子道具伴随鼓乐节奏而舞，一举手一投足，都透着舞者的稳健刚劲，动作粗犷诙谐。

狮子舞的内容主要表现狮子的凶猛、活泼的神态和善于嬉娱的性格，利用狮子的喜庆和憨厚的形象，寓意人们美好的生活。

在舞者模仿出的狮子翻滚、腾伏、摇头、摆尾等动作中，观众能够感受到狮子生动的活泼形象。狮子舞的演员不多，一般主要由两人表演，还有其他伴舞者。其中一人顶舞狮头，另一人摆狮尾；伴舞者往往还头戴罗汉和猴子面具，诙谐幽默，生动形象。

壮族春牛舞多在春节和三月初三举行，寓意欢乐和祥和，舞者由4人组成，他们披戴牛形布制道具，分别扮成两头牛，一人舞牛头，一人舞牛身，另有两人伴舞。

舞蹈动作主要模仿牛的生活形象，通过两牛进退、四角相觭、拉犁、睡卧等动作，活灵活现地表现牛的雄健、粗犷、拙朴的性格。

在春天里，在耕牛即将走进田野里时，人们跳起春牛舞，寓意闹春耕祈丰年的欢乐景象。

舞者在鼓乐的节奏下，舞姿雄劲奔放，动作苍劲雄浑，舞蹈动作整齐协调，诙谐有趣，形象生动逼真。

罗汉 是阿罗汉的简称。有杀贼、应供、无生的意思，佛陀得道弟子修证最高的果位。罗汉者皆身心六根清净，无明烦恼已断。已了脱生死，证入涅盘。堪受诸人天尊敬供养。于寿命未尽前，仍住世间梵行少欲，戒德清净，随缘教化度众。

■ 舞狮子

青蛙舞主要流行于东兰、巴马、凤山、天峨等县。是当地壮族群众在正月传统"青蛙节"中祭祀蛙神的系列舞蹈。

在庆祝的这一天，在村寨东面的场地上安放好青蛙的花轿，两旁分别插画有龙、凤、虎、青蛙及六畜图像的小彩旗。

花轿正前方悬挂着四面铜鼓，侧面为锣鼓和唢呐手组成的乐队；铜鼓的正前方又安置两面鼓。

数十位青少年有的装扮成青蛙，有的戴上各种神灵面具，有的扮成农夫村妇，鼓乐声中，按程序表演皮鼓舞、青蛙出世舞、长板敬青蛙舞、拜铜鼓舞、征战舞、耙田舞、拔秧舞、插秧舞、打鱼捞虾舞、纺纱织布舞、庆丰收舞。

人们借此祈求风调雨顺，五谷丰登，并为年庆共乐。

八桂文化特色与形态

阅读链接

秦汉时期，壮族先民的音乐舞蹈，出现了一个前所未有的繁荣局面。汉代墓葬中的实物有铜鼓、铜钟、羊角钮钟、木腔皮鼓、瑟、笛等。

此外，贵县罗泊湾一号土坑木椁墓发现一份名为《从器志》的随葬品清单，上面写有"栓""越筑"等乐器。由此表明当时壮族先民的音乐舞蹈十分繁荣。

流传千年的铜鼓文化

在广西歌舞戏曲的乐器中，铜鼓尤其是积淀千年的一个重要文化象征，壮族先民"濮人"是铜鼓这种打击乐器最先的铸造者和使用者，已有2700多年历史，以广西数量最多，分布量最广。

广西有铜鼓，至少可以追溯到公元前2世纪，田东县锅盖岭战国时代墓中发现有铜鼓。《后汉书·马援传》说，马援南征交趾时，"得骆越铜鼓"。据考证，其铜鼓的产地在今广西境内。自汉代以后，广西铜鼓见于文献记载者，真可谓史不绝书。

壮乡铜鼓

西汉铜鼓

铜鼓传入八桂地区后，壮族等民族先民把铜鼓当作神圣的宝贝给予保护和膜拜，广西由此成为古代生产和使用铜鼓的重要地区之一。

同时，铜鼓在八桂地区得到不断开发与利用，被赋予更多的内容，所以发展很快，铜鼓的鼎盛期发生在壮族地区。在花山壁画中，图中人物举手向上敲打铜鼓的图案出现多处，说明铜鼓早已在壮族先民的心目中有了重要的地位。

宋代曾任桂林通判的周去非在《岭外代答》中对广西铜鼓有详尽描述：

> 广西土中铜鼓，耕者屡得之，其制正圆，而平其面，曲其腰，状若烘篮，又类宣座。面有五蟾，分踞其上。蟾皆累蹲，一大一小相负也。
>
> 周围款识，其圆纹为古钱，其方纹如织簟，或为人形，或如琰璧，或尖如浮屠，如玉林，或斜如豕牙，如鹿耳，各以其环成章，合其众纹，大类细画圆阵之形，工巧微密，可以玩好。铜鼓大者阔七尺，小者三尺，所在神祠佛寺皆有之，州县用以为更点。

这段记载，表述了广西千百年来深深积淀的铜鼓文化。正是这种独特的铜鼓文化，为壮族历史写下了灿烂的一页。

铜鼓的品种有北流型、灵山型、冷水冲型，它们都是铜鼓工艺的精品。壮族铜鼓全身用铜制成，它分鼓面、鼓胸、鼓腰和鼓足四部分，做工讲究，整鼓沉重结实，鼓面最大直径有一米多，重300多千克。

铜鼓的铸造艺术要求极高，它通体用铜合金铸成，厚薄均匀，鼓面、鼓身有丰富多彩的图案。铜鼓铸造技艺，从采矿炼铜，用黏土制造鼓芯、鼓范，在泥胎上刻镂花纹，到将熔化的铜汁注入其中，焊上鼓面、鼓耳，最后是立雕，工序繁多。只有精湛的工艺才能制造出铜鼓珍品。

在古代，铜鼓多用于祭神或节日喜庆活动。在祭神时，铜鼓是神圣的法器，有专门的鼓手和专门的鼓点。在节日里，铜鼓是打击乐器，铿锵的鼓点激起人们的节日热情。征战时，铜鼓是号令士兵的指挥工具，是振奋士气的精神支柱。

铜鼓击打时声音嘹亮，动听悦耳，以其特有的作用，丰富了壮族的生活。在节日庆典活动、宗教礼

鼓 在远古时期，鼓被尊奉为通天的神器，主要是作为祭祀的器具。在狩猎征战活动中，鼓都被广泛地应用。鼓作为乐器是从周代开始。周代有八音，鼓是群音的首领，古文献所谓"鼓琴瑟"，就是琴瑟开弹之前，先有鼓声作为引导。鼓的文化内涵博大而精深，雄壮的鼓声紧紧伴随着人类，远古的蛮荒一步步走向文明。

文化底蕴

艺苑民风

■ 壮族铜鼓石雕

仪中，他们都打起铜鼓抒发情怀。在秋收时，村村擂响铜鼓，欢庆丰收。铜鼓是壮族的精神食粮，金鼓长鸣给壮族带来无比的欢乐。

铜鼓的花纹瑰丽而富有民族文化特色。鼓面的太阳纹、雷纹、青蛙、飞鹭；鼓身的羽人舞姿、龙舟竞渡等，蕴涵着民俗文化的魅力。

铜鼓全身铸满花纹图案，鼓面正中画上一个光芒四射的太阳纹。这可能与壮族祖先崇拜太阳神有关。

鼓面、鼓胸、鼓腰一般都铸有青蛙，反映了壮族以蛙为图腾，崇拜青蛙。另外，龙舟竞渡在广西各地大规模开展，所以铜鼓上多饰有龙舟竞渡纹。

关于铜鼓的用途，古代主要的祭祀活动是为了求雨，祈求农业丰收。铜鼓身上铸有的云雷纹和青蛙，反映了它与农业生产的关系。

据说，全世界古铜鼓有1600多面，我国已发现的有1400多面，其中在广西的就有500多面。在广西岑溪县发现的铜鼓上的五铢钱纹生动地说明，它是骆越文化与中原文化融合的结晶。

阅读链接

广西是铜鼓的故乡，广西大地孕育了灿烂的铜鼓文化，铜鼓凝聚了古代壮族及南方其他少数民族的智慧。

在2000多年铜鼓发展史的长河中，广西的铜鼓在整个大家庭究竟占据何种地位？

如果说，我国云南中部偏西地区因为出土了大量年代久远、形状古朴的原始类型的铜鼓，而被确认为古代铜鼓的发祥地的话，那么，地处五岭之南、连接南海与云贵高原的广西，因其蕴藏铜鼓数量众多，类型齐全，堪称古代铜鼓的大本营，也是当之无愧的。